Powerkristalle

Christian Appelt

Powerkristalle

Heilen mit energetisierten Quarzkristallen

AT Verlag

AT Verlag, Baden und München
Lektorat: Karin Breyer, Freiburg i. Br.
Fotos: Nils Hoffmann und Christian Appelt
Umschlagfoto: Nils Hoffmann, Visuelle Kommunikation, Mögglingen
Lithos: AZ Print, Aarau
Druck und Bindearbeiten: AZ Druck und Datentechnik, Kempten
Printed in Germany

ISBN 3-03800-200-3

www.at-verlag.ch

Inhalt

Vorwort

Dieses Handbuch über Kristalle unterscheidet sich von den zahlreichen Büchern über Steine und Kristalle durch die präzisen, einfachen, praxisnahen Anleitungen, die sofort umgesetzt werden können. Das Ausmaß der erreichten Wirkungen ist meines Erachtens ein viel größeres, als dies von symptomorientierten Individualtherapien mit Kristallen und Edelsteinen bislang bekannt ist.

Der Titel des Buchs ist ein »Sesam-öffne-dich« ungeahnter Möglichkeiten; es eröffnet neue Wege in der Behandlung von Mensch und Natur. Zahlen nehmen darin eine große Bedeutung ein – als Ausdruck mächtiger kosmischer Energieströme. Sie werden verwendet, um in Resonanz mit dem Menschen zu treten und seine Konflikte, Emotionen sowie seinen Stoffwechsel positiv zu beeinflussen und zu ordnen.

Bei jeder neuen Beschreibung müsste man innehalten, sich der Tragweite des Geschriebenen bewusst werden und seinen Gedanken freien Lauf lassen. Sofort fallen uns Patienten ein, die wir damit behandeln könnten; Orte, deren Ausstrahlung wir verändern könnten, oder kranke Pflanzen und Bäume, die wir retten könnten. Man möchte sofort loslegen ...

Das Buch liest sich wie ein spannender Roman. Der Autor hat aus seinem profunden, breit gefächerten Wissen eine Synthese erstellt, die, gepaart mit der Absicht zu heilen, es jedem Therapeuten ermöglichen kann, täglich kleine Wunder zu bewirken.

Mit zunehmender Verwirrung im »Gesundheitssystem« werden immer mehr die effektiven, modernen Methoden der Informationsmedizin sowie andere ganzheitliche, altbewährte Heilweisen den Menschen wirklich weiterhelfen können. Die Homöopathie zählt ebenso dazu wie die kybernetische Medizin, die Farb- und Lichttherapie sowie viele andere sanfte Methoden wie Ayurveda oder die Traditionelle Chinesische Medizin.

Die Informationsmedizin der Powerkristalle reiht sich hier ein, besitzt aber zudem die unschätzbare Fähigkeit, nicht nur den Menschen als Körper-Seele-Geist-Einheit zu heilen, sondern auch das Umfeld, die Familie, den Arbeitsplatz, den Garten.

Ich wünsche dem Buch viel Erfolg, und den Menschen, die es inspirieren wird, viele schöne Heilungserlebnisse.

Dr. med. Laure Oschmann

Einleitung

»Man erects out of the darkness
Laughs into the glimmering light
And disappears …«
Eloy, Ocean

Willkommen auf einer Reise zu neuen Horizonten des energetischen Heilens. In diesem Buch lernen Sie eine neue Sicht auf das komplexe Zusammenspiel von Gesundheit, Krankheit und Heilung kennen. Die erheblichen Fortschritte der Biophysik und der Informationsmedizin haben in den letzten Jahren eine faszinierende Perspektive geschaffen, die uns neuartige, leistungsfähige und universal zu handhabende Therapiemöglichkeiten erschließen: die Arbeit mit den Powerkristallen und dem Feld der Gesundheit.

Wie Ihnen dieses Grundlagenbuch zeigen wird, bietet unsere Welt für jeden interessierten Menschen sämtliche notwendigen »Zutaten« für ein gesundes Leben an; zugleich sind wir in jeder Körperzelle mit einem an das Wunderbare grenzenden Sende- und Empfangssystem für dieses gesunde Leben ausgestattet, das uns stets mit größter Präzision auf genau den richtigen Kurs bringen kann.

Das klingt vielleicht nicht neu, aber neu sind die Einblicke in die grundlegenden Prozesse lebendiger Gesundheit – Vorgänge, die durch Begrifflichkeiten der modernen Kommunikationstechnologien, fortgeschrittene Erkenntnisse der Biophysik, der Informationsmedizin, vor allem auch durch das konsequente Einbeziehen alter Weisheiten der Naturvölker versteh- und umsetzbar geworden sind. Modernste Naturheilkunde trifft auf uralte Vorstellungen himmlischer Harmonik. Biophysikalische Forschung trifft auf natürliche Quarzkristalle.

Wegweiser in meiner Arbeit sind einerseits die gesundheitsfördernden und das Feld der Gesundheit konstituierenden elektromagnetischen Harmoniefelder der Erde und der umgebenden Himmelskörper sowie natürliche Quarzkristalle als Teil einer neuartigen Behandlungsstrategie. Wie Sie erkennen werden, betten unsere Forschungserkenntnisse den Menschen in ein Energie- und Informationskontinuum ein, das sich aus der Vergangenheit kommend, das Hier und Jetzt passierend, in die Zukunft entrollt.

Jegliches Leben ist eingebettet in diesen fortwährenden, nie versiegenden Fluss gesunder Energie und Information. In Verbindung mit der Wiederentdeckung unserer radiästhetischen Sinneswahrnehmung und der Kunst, das Feld der Gesundheit zu befragen, finden wir alles, was wir benötigen, um selbstbestimmt und in der Verantwortung für das uns anvertraute Leben auf diesem Planeten zu arbeiten.

Diese neue Methodik lässt sich mit etwas Geduld einfach erlernen. Bereits einfache Maßnahmen können tiefgreifende Gesundungsprozesse bewirken. Natürlich gehört jede ernsthafte Krankheit in ärztliche Obhut, aber die erlernbaren Techniken können – so meine langjährige Erfahrung – sehr wertvoll im Sinne einer Gesundheitsprophylaxe eingesetzt werden beziehungsweise zu einer erheblichen Erweiterung des therapeutischen Arbeitsfeldes führen. Durch Nutzung universal gültiger Prinzipien können wir nicht nur Mensch und Tier therapieren, sondern auch mit sozialen Gruppen, Biotopen und Orten arbeiten.

Im Verlauf des Buchs werden Sie auf Aussagen stoßen, die Sie vielleicht anders gehört oder gelesen haben. Möglicherweise meinen Sie, dass die aktivierende Farbe des Herzchakras »Rosa« sein müsse, dass der Rauchquarz ausschließlich bei Mondschein aufgeladen werden kann, der Amethyst dem Saturn zugeordnet ist und so fort. Dazu sei Folgendes gesagt: Die beschriebene Methode funktioniert bei einer Vielzahl von Therapeuten bestens, und sie wird mit erstaunlichen Erfolgen angewandt. Ich habe in den letzten zwanzig Jahren dieses therapeutische System auf der Basis sowohl uralter als auch hochmoderner Heilmodelle entwickelt und dabei viele Geburtshelfer gehabt. Zu ihnen gehören Hans Cousto, Fritz Albert Popp, Hardy Burbaum, Marco Pogačnik, Wolfgang Hahl, James DeMeo, Rolf Binder – bei allen fachlichen Gemeinsamkeiten haben wir auch stark abweichende Meinungen zu dem einen oder anderen Thema gehabt und nach langen Diskussionen feststellen müssen, dass wir im Gewand anderer Wort- und Gedankenmuster von der gleichen Essenz sprachen.

Ein Beispiel dazu: Es wird nahezu weltweit das Vorhandensein einer universalen Lebenskraft angenommen, wahrgenommen und erfühlt. Sie wird aus unterschiedlichen und kulturell gefärbten Perspektiven hier als Tachyonenenergie, dort als Orgon, in China als Chi, in Indien als Prana bezeichnet, und aus der Vogelperspektive der Wissenschaft erkennen wir kristallklar das einigende Band hinter all diesen Konzepten. Die moderne westliche Quantenphysik postuliert, hier mit den Worten Ulrich Warnkes gesprochen, ein »Potenzialfeld«, das Meer der Möglichkeiten (Warnke 1997). Je nach kulturellem Hintergrund werden unterschiedliche Aspekte des einen Phänomens wahrgenommen und in Symbolsystemen und unter Verwendung kulturell geformter Bilder beschrieben. Die Tatsache, dass alle Modelle in ihrer Welt »funktionieren«, zeigt, dass die großen Denker alle auf ihre Weise Recht haben. Je mehr dieser unterschiedlichen Vorstellungsfacetten wir kennen und verstehen, desto vollständiger wird unser eigenes Bild von dem, was Leben und Sein ausmacht, und desto leistungsfähiger wird die daraus abgeleitete Methodik sein.

Die in diesem Buch vorgestellte Powerkristall-Methodik kombiniert eine Vielzahl solcher Aspekte zu einem neuen System. Es fußt auf der Alchemie und rituellen Systemen vorindustrieller Gesellschaften ebenso wie auf moderner Biophysik und -chemie.

Ich lade Sie ein, die in diesem Buch vorgestellte Methodik auszuprobieren, dabei kritisch vorzugehen und den Mut zu eigenen Erweiterungen zu haben. Nichts ist vollendet, alles ist im Wandel. Sie werden erleben, dass sich mit dem Feld der Gesundheit und den Powerkristallen hervorragend arbeiten lässt und dass die neuartigen, der aktuellen Informationstechnologie entlehnten Fachbegriffe ein zeitgemäßes Vokabular darstellen.

Was bietet Ihnen dieses Buch?

- *Sie lernen die energetische und formgebende Basis des gesunden Lebens in Gestalt des »Feldes der Gesundheit« kennen.*
- *Sie lernen eine naturbezogene Heiltechnik mit energetisierten Quarzkristallen, sogenannten Powerkristallen, in Theorie und Praxis kennen.*
- *Sie lernen, mit einfachen radiästhetischen Werkzeugen und einem neuartigen Abfrageschema lebendige Systeme zu untersuchen und auf Basis Ihrer Untersuchungsdaten praktisch heilerisch zu arbeiten.*

Dieses als Grundlagenbuch zu verstehende Werk wird Sie im ersten Abschnitt in die Hintergründe dieser neuen Heilmethode einführen. Sie werden feststellen, dass ein wenig Theorie alles andere als »grau« sein muss.

Im umfangreichen Praxisteil des Buchs erlernen Sie die notwendigen Arbeitstechniken, angefangen bei radiästhetischen Wahrnehmungsübungen, Strategien zur Auflösung von Testblockaden bis hin zu Diagnoseabläufen und zur Erstellung einfacher Hilfsmittel wie Powerkristalle und Heilkristallwasser.

Powerkristall zur Landschaftsheilung.

Danach lernen Sie die zwei wichtigsten Wege zur Powerkristall-Heilarbeit kennen, jene über die Analyse und Therapie der systemischen Ebenen und jene über die Arbeit mit den sieben Hauptchakren, unseren feinstofflichen Energiezentren.

Die situationsbezogene Programmierung von wichtigen Powerkristallen und das Arbeiten auf den verschiedensten systemischen Ebenen bis hin zu Meditationsübungen, zum Info-Coaching und zur Landschaftsheilung nehmen das letzte Drittel des Buchs ein.

Sie werden erfahren, dass wir uns einer effektiven Heilmethode bedienen, die sich nahezu überall als primäre Therapie oder in begleitender Funktion einsetzen lässt. Für all jene, die tiefer in die theoretische Materie einsteigen wollen, bieten wir unter der Adresse www.power-gesundheit.de eine Internetsite an, auf deren Seiten Sie einerseits das Fachwissen vertieft sowie andererseits ein Diskussionsforum für die Praxisarbeit finden.

Dem Anliegen, dass Sie, liebe Leserin und lieber Leser, ein Stück Weg zu einer selbstbestimmten Gesundheit finden und gehen können, ist dieses Buch gewidmet: Die Wahrheit finden wir überall. Wir müssen nur wieder lernen, diese zu erkennen.

Gesundheit und Krankheit im Wandel der Zeiten

»Alles beginnt und alles endet zur rechten Zeit und am rechten Ort.«

Aus dem Heldengesang der Assassinen

Seit Urzeiten wird die Menschheit von Gesundheit und Krankheit begleitet, in deren Wechselspiel sie ihre Wege durch die Zeiten beschreitet. Wie die medizin-ethnologische Forschung nachweisen konnte, sind die Wahrnehmungen von Gesundheit und Krankheit nie absolute Wahrheiten, sondern stets untrennbar mit den kulturell definierten Wahrnehmungsfiltern der eigenen Welt verbunden, dazu noch abhängig von der Intensität des Bewusstseins über die Verbundenheit mit der Natur und der Welt.

Eine Einheit mit der Welt – die über Jahrmillionen hindurch auf Gedeih und Verderb eins gewesen war – differenzierte sich entwicklungsgeschichtlich durch die rasante einseitige Weiterentwicklung des sich entfaltenden rationalen Bewusstseins vielerorts in ein Ich und die sogenannte Umwelt. Ein eigentlich untrennbares Verwobensein mit der Welt begann der bewussten Wahrnehmung zunehmend zu entgleiten, ein immer undurchsichtiger werdender Vorhang schob sich bildlich gesprochen zwischen die Ebenen, und in der Folgezeit gerieten die vitalen Dynamiken der lebensnotwendigen Einheit von Welt und Leben vielerorts in Vergessenheit:

Der bewusste, lebendige Bezug zur Erde erlosch in dieser Folge langsam und unaufhaltsam ebenso wie der Bezug zum Mond und zu den Gestirnen. Gleichzeitig verlor die dadurch ebenso verstimmte Menschheit über die Jahrtausende immer mehr den inneren Halt, suchte ihn in immer neuen Heil versprechenden Ideologien, um ebenso konsequent immer aufs Neue zu scheitern beziehungsweise widerlegt zu werden:[1] Die Erde steht eben nicht im Mittelpunkt des Universums, der Mensch ist nicht die von Gott geschaffene Krönung der Schöpfung – Krücken zerbrachen ein um das andere Mal. Diese oftmals skizzierte problematische Bewusstseinsentwicklung sorgt bis

1 Das Spektrum reicht von der Verlegung des Osterfestes in den abnehmenden Mond bis hin zur »Neustimmung« des Kammertons a.

zum heutigen Tag für eine tiefgreifende Verstimmung gesunder Lebensprozesse, die an der Basis unserer abendländischen Kultur ganz unabhängig von daraus ableitbaren oder darauf aufbauenden Sekundärverstimmungen wirkt und unsere kulturspezifischen Befindlichkeitsstörungen schafft.[2]

Es stellt sich die Frage, wann und wo solche Störungsprozesse ihren Anfang genommen haben mögen. Sind evolutionsgeschichtliche Prozesse des bewussten Erwachens für diese Umstände verantwortlich, oder sind solche Ansätze nur letzte Überreste einer uns in der Schule eingehämmerten darwinschen Sicht auf die Dinge? Sind diese Störungsprozesse, im Kielwasser der Forschungen von Immanuel Velikovsky[3] und anderen mutigen Historikern fahrend, die Folgen von kosmischen Katastrophen, ausgelöst durch planetare Beinahe-Crashs in weit zurückliegender Zeit und damit einhergehender kollektiver Katastrophenverdrängungen?

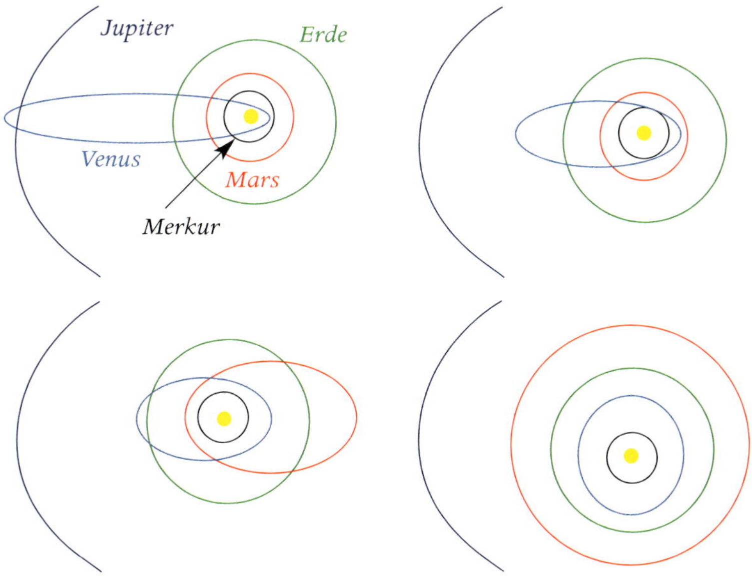

Velikovskys aufsehenerregende Theorie in der legendären Darstellung.

2 Bestens beschrieben finden wir diesen Zusammenhang im dreibändigen Werk von Ulla Sebastian »Wege zum Leben«. Ein wichtiges zukünftiges Forschungsthema könnte gemäß unserem Ansatz die Definition der diesbezüglichen Verstimmungsmuster in Bezug zum Feld der Gesundheit sein.

3 Geboren 1895; Studium der Medizin, Altphilologie, Psychoanalyse, Begründer der Schriftenreihe »Scriptas Universitatis«; starb 1979 in Princeton, New Jersey.

Die Menschheit braucht zur Orientierung Antworten auf solch grundsätzliche Fragen. Viel haben Archäologen, Historiker, Ethnologen, Psychologen konsequenterweise darüber geschrieben, Generationen von Forschern verschiedenster Wissensdisziplinen haben sich an dem Thema dieser »Vertreibung aus dem Paradies« versucht. Immer deutlicher kristallisiert sich dabei für die Forscher heraus, dass es mit hoher Wahrscheinlichkeit die Folgen einer oder mehrerer dramatischer kosmischer Katastrophen gewesen sind, die beispielsweise im nordafrikanischen Raum Menschen dermaßen an Leib und Seele deformierten, ihre über Jahrzehntausende grünen Lebensräume in kurzer Zeit in tödliches Wüstenland verwandelten, dass Gruppen von ausgemergelten und seelisch schwer angeschlagenen Individuen auswanderten und sich von Hunger und innerer wie äußerer Not getrieben brandschatzend und wiederum innere wie äußere Wüsten produzierend ihren Weg von Nordafrika nach Asien und von dort aus über die Mongolei nach Europa zurücklegten.

Über die Jahrtausende veränderten diese Wanderungen die naturbezogene Lebensweise der unterwegs angetroffenen Völker. Gastfreundschaft wurde von den Vertriebenen mit Mord und Totschlag beantwortet, die unstillbare Sehnsucht nach gesundem und erfülltem Leben war zu einer Gier nach Macht und Reichtum geronnen, und über die verschlungenen indoeuropäischen Wanderbewegungen erreichte dieses verstimmte Seelen- und Gedankengut auch das heutige Abendland, um von dort aus wiederum weiter exportiert zu werden: Die jüngere Kulturgeschichte, wesentlich die Besiedlung Amerikas und Australiens sowie die gnadenlose Dezimierung der dort vorgefundenen angestammten Bevölkerungen, dokumentiert dieses Drama bestens.

Diese ziemlich dunkle Seite der Menschheitsgeschichte ist meines Erachtens mit frappierender Plausibilität von dem Amerikaner Dr. James DeMeo und seinem Forschungsteam in dem monumentalen Werk »Saharasia« dargestellt und mit einer geradezu erdrückenden Beweisfülle versehen worden.[4] Im Fahrwasser solcher gravierender

4 James DeMeo: Saharasia. The 4000 BCE Origins of Child Abuse, Sex-Repression, Warfare and Social Violence in the Deserts of the Old World, Greensprings Oregon USA 1998. »In Saharasia habe ich die weltweiten geografischen Muster repressiver, schmerzhafter, traumatisierender, gewalttätiger, gepanzerter, patristischer Verhaltensweisen und sozialer Institutionen, welche die Bindungen zwischen Mutter und Kind sowie zwischen Mann und Frau zerstören, anhand einer systematischen Analyse anthropologischen Datenmaterials von 1170 eingeborenen Subsistenzkulturen ermittelt und zueinander in Beziehung gesetzt. Nach Abschluss der Kartografierung zeigte sich, dass der extrem trockene Wüstengürtel,

Verstimmungen und kollektiven Verdrängungen entstand eine von der Natur zunehmend entfremdete Wissenschaft, deren Spuren wir bereits bei Aristoteles und der ptolemäischen Mathematik aufgreifen können – Geburtsstunde einer fehlerhaften Geometrie, die ein falsches Bild von der Harmonie der Sphären scheinbar schlüssig darstellen konnte (vgl. Appelt 2000, Jürgensmeier 1999).

Wir finden in diesen Umständen den bis zum heutigen Tag aktiven kulturellen Zentralkonflikt des Abendlandes wieder. Die Jahrhunderte kamen und gingen, und der Verstimmungsvorgang schlug immer tiefere Wurzeln in die Gründe des Daseins. Dazu zwei ausschnitthafte Beispiele:

Das Osterfest, christlicher Nachfolger der keltischen Beltane-Kulte wurde durch das Konzil von Nikäa von dem kraftvollen und kosmisch wie energetisch stimmigen Termin des ersten Frühlingsvollmondes in den verstimmten Termin des abnehmenden Mondes verlegt. Das uralte naturbezogene Heilvermögen und -wissen von Millionen Frauen endete in den Hochphasen dieses von der christlichen Kirche angefeuerten Irrsinns europaweit in den Flammen mittelalterlicher Scheiterhaufen. Flammen sollten auch den weiteren Weg durch die Jahrhunderte begleiten, nach Immanuel Velikovsky Reminiszenzen an die unerlösten, im kollektiven Bewusstseinsfeld der Menschheit schlummernden, offiziell weit verdrängten Katastrophen.

Aber Leben mag gesünder oder kränker zur Entfaltung gelangen – es ist und bleibt untrennbar eins mit der Natur und der Welt, und diese Erkenntnis lebt auch in den Tiefen unserer Gene und verstummt nicht. Das Mittelalter neigte sich langsam seinem Ende zu, neue Gedanken und Weltbilder wurden geboren, die Mathematik wuchs durch

der sich von Nordafrika über den Nahen Osten bis nach Zentralasien erstreckt und dem ich den Namen Saharasia gegeben habe, die größte Ausdehnung der radikalsten patristischen Verhaltensweisen und sozialen Institutionen des Planeten Erde aufweist. In Gebieten mit dem größten Abstand zu Saharasia, wie in Ozeanien und der Neuen Welt, fanden sich die sanftmütigsten, ungepanzertsten, matristischsten Verhaltensformen, welche die Bindungen zwischen Mutter und Kind sowie Mann und Frau fördern und schützen. Eine systematische Sichtung archäologischer Funde und historischer Dokumente deutete auf eine anfängliche Entwicklung des Patrismus um 4000 v. Chr. in Saharasia hin, einem Zeitpunkt tiefgreifenden ökologischen Wandels von einem relativ feuchten Klima mit Savannenlandschaften und Wäldern zu trockenen Wüstenbedingungen. Die psychologischen Erkenntnisse Wilhelm Reichs ermöglichen das Verständnis der Mechanismen, durch welche sich patristische (gepanzerte, gewalttätige) Verhaltensweisen etablieren und fortbestehen, lange nachdem das auslösende Trauma vergangen ist.«

die Begegnung zwischen Abend- und Morgenland zu nie erreichter Präzision. Rechenfehler, die über Jahrhunderte unbemerkt geblieben waren, wurden durch Niccolo Tartaglia (1499–1557), seines Zeichens venezianischer Rechenmeister, erstmalig erkannt und konsequent korrigiert. Das Licht der korrekt gestimmten kosmischen Harmonie begann wieder aufzuleuchten.

Man schrieb ebenfalls das 16. Jahrhundert, als Kopernikus die Erde endlich wieder als um die Sonne kreisend begriff. Der westliche Erkenntnisweg des Abendlands eroberte sich durch das naturwissenschaftliche Erkenntnisinstrument der Mathematik und der Harmonik die lebendige Wahrheit Zug um Zug zurück, und 1978 berechnete der Schweizer Hans Cousto mit dem Instrumentarium der abendländischen Mathematik die Urtöne, jene harmonikalen Qualitäten unserer Erde und der sie umgebenden Himmelskörper, über die jegliches Leben untrennbar mit der Welt verwoben ist.

Jene natürlichen Harmoniefelder sollten sich viele Jahre später als die Grundpfeiler kraftvoller Gesundheitsfelder zu erkennen geben und zu den Säulen der Heilmethodik mit den Powerkristallen werden. Bis zu diesem Punkt waren aber noch grundlegende neue Erkenntnisse aus der Biophysik und der Informationsgenetik vonnöten, um eine Fülle von Verständnisfragen zu lösen.

Nikolaus Kopernikus.

Leben ist ein Resonanzphänomen

»Es ist etwas Unsichtbares, das uns alle und alle empfindsamen Lebewesen am Leben erhält.«
Paracelsus

In den letzten dreißig Jahren wurden die vielleicht fortschrittlichsten wissenschaftlichen Erkenntnisse im Bereich des Verstehens lebendiger Vorgänge gewonnen. Einer breiten Leserschaft wurden diese neuen Konzepte durch Rupert Sheldrake nahe gebracht. Sheldrake stellte in den 1980er Jahren fest, dass es für das Auge unsichtbare und für die Ohren unhörbare Informationsgewebe, sogenannte Felder gibt, die

Das alltägliche Gesundheitsprogramm des Feldes der Gesundheit.

den Bauplan für die gesamte lebendige Formenvielfalt enthalten und das gesamte Wissen des Universums abgespeichert haben. Dadurch wird dieses Wissen für jedes lebendige System abrufbar gemacht. Wie sollen wir uns das vorstellen?

Versuchen wir es mit folgender Analogie: Die Sheldrakeschen Felder sind vergleichbar mit den von Dr. Harold Saxton Burr über mehr als vierzig Jahre analysierten Life-Fields, die im deutschsprachigen Raum als L-Felder berühmt wurden (Burr 1972). Solche Felder können wir uns in aller Einfachheit als einen gigantischen kosmischen Radiosender vorstellen, dessen Programm selbst am hintersten Eck unserer Erde und im abgründigsten Winkel unseres Organismus von Natur aus klar und deutlich zu empfangen ist.

Nachdem amerikanische Forscher um Dr. James Oshman in den letzten Jahren herausfanden, dass unser Organismus bei der Umsetzung dieses kosmischen Radioprogramms in biologische Vorgänge Informationen dermaßen schnell im Körper verteilt, dass der Transport über die vergleichsweise langsamen Nervenleitungen schlicht undenkbar ist, bildete sich die Erkenntnis heraus, dass es zwingend ein sogenanntes Kommunikationsfeld elektromagnetischer Natur geben muss, welches das gesamte Körpergewebe umgibt; man taufte es auf Grund der vitalen Grundfunktionen auf den Namen »Health Matrix«, auch »Living Matrix« genannt, was wir mit »Feld der Gesundheit« übersetzen können. Diesbezüglich passen auch die neuesten Forschungen der Technischen Universität Berlin sowie von Dr. Hartmut Müller aus Wolfratshausen bei München zur Global-Scaling-Theorie perfekt ins Bild.[5]

5 Siehe dazu im Internet: www.matrix3000.de/gs/.

Nun wurde klar, dass dieser kosmische Radiosender auf das Engste mit einem ausgeklügelten biologischen Sende- und Empfangssystem im Organismus verbunden sein muss und dass die »Schnittstelle« zwischen den besagten Feldern unseres kosmischen Senders und lebendigen Systemen sehr nahe an den Grundbausteinen aller Lebewesen, genau gesagt an oder sogar in den Zellen angesiedelt sein muss. Russische Forschung sollte wenig später zeigen, dass unsere Erbinformation, die DNA, diese Aufgabe perfekt übernimmt.

Nach zwanzig Jahren eigener Forschung gelangte ich zu dem Schluss, dass die zentralen Eckwerte dieser Health-Matrix in den harmonikalen Grundmustern unseres Planeten und der umgebenden Himmelskörper begründet liegen müssen. Diese als »Urtöne« bezeichneten Phänomene gehen auf die bereits erwähnten mathematischen Berechnungen Hans Coustos zurück (1984). Sie erweisen sich bei genauerem Betrachten als extrem bioaktiv. Um diese Zusammenhänge tiefer zu verstehen, lassen Sie uns Ausschau halten nach der vitalen Natur unseres kosmischen Radiosenders.

Die Berechnung der Urtöne und das universale Gesetz der Oktave

> *»Wer das Geheimnis der Töne kennt,*
> *kennt das Mysterium des ganzen Weltalls.«*
> Hazrat Inayat Khan

Wesentliches Merkmal aller Himmelskörper in unserem Sonnensystem ist ihre Rotation, denn Planeten und Monde drehen sich in festen Zyklen um die Sonne, um sich selbst oder im Falle der Monde um die Planeten.

Um nun ein wenig Mathematik einfließen zu lassen, sei hier dargestellt, dass man aus der Kenntnis um die Dauer einer solchen Bewegung, der Periode, stets eine Maßzahl in Gestalt einer Frequenz berechnen kann. Die Frequenz beschreibt die Anzahl der Wiederholungen eines periodischen Phänomens innerhalb eines Zeitintervalls. Erfolgt innerhalb einer Sekunde eine vollständige Schwingung, so beträgt die Frequenz 1 Hertz, abgekürzt 1 Hz. So abstrakt und fremd sind uns solche Zusammenhänge nicht: Unser Wechselstromnetz im Haushalt ist beispielsweise auf 50 Hertz getaktet, UKW-Radio sendet im Bereich von 88 bis 120 Megahertz.

Auf diese Weise können wir aus den Umlaufzeiten der Himmelskörper deren Frequenz und damit eine konkrete Qualität berechnen. Wie dieses funktioniert, möchte ich am Beispiel unseres Heimatplaneten beschreiben: Unser Grundmaß der Zeit und der Zeiteinteilung ist die Frequenz der Erdrotation. Gemessen wird diese an der Dauer von einem Höchststand der Sonne (Kulmination) bis zum nächsten. Genannt wird diese: 1 Tag, astronomisch genau gesagt: 1 Mittlerer Sonnentag. Diese Zeitmaß wird dann noch in 24 gleich große Kuchenstücke geschnitten, berühmt unter dem Namen »Stunden«, diese wiederum in 60 Minuten-Abschnitte, und diese in 60 Sekunden-Schnipsel.

Dauer der Erdrotation = 1 Tag,
Frequenz (Häufigkeit) der Erdrotation = 1-mal pro Tag.

Um die Hertz-Frequenz der Erdrotation zu ermitteln, rechnen wir aus, wie viele Sekunden ein Tag hat. Es sind 24 mal 60 mal 60 = 86400 Sekunden.

Die Frequenz berechnet sich aus dem Kehrwert der Periodendauer in Sekunden nach der Formel:

Frequenz (Hz) = 1 : Zeitdauer der Periode in Sekunden (s)
Wenn wir 1 : 86 400 rechnen, erhalten wir exakt
0,000 011 574 074 Hertz.

Die Tagesschwingung der Erde lässt sich also mit dem Wert 0,000 011 574 074 Hertz beschreiben. Wir nennen diesen Wert kurzerhand den Erdentag. Eingedenk dieses minimalen Wertes, der außerhalb des Wahrnehmungsbereichs unseres Ohrs liegt, ist dieser Klang schlichtweg unhörbar und erscheint im allgemeinen Getöse unseres Alltags belanglos zu sein. Aber denken wir auch an die Homöopathie, dort zeitigen gerade minimalste Konzentrationen von Substanzen maximale Wirkungen.

Schauen wir auf eines der universalen Harmoniegesetze des Universums, auf das Gesetz der Oktave. Dessen Anwendung erschließt uns den bewussten Umgang mit den Urtönen.

Was ist eine Oktave?

Generell ist die sogenannte Oktave die achte Stufe einer Tonleiter. Sie wird mit demselben Tonbegriff oder Tonbuchstaben bezeichnet wie der Ausgangston.

Denken Sie daran, dass es ein tiefes und ein hohes c in unserer Musik gibt. Als Erstes mag uns hier zu Bewusstsein kommen, dass es qualitativ gleichgültig ist, ob ein Kind ein hohes c und der Vater ein tiefes c singt. Beides scheint identisch zu sein und passt wunderbar zusammen.

Mathematisch ist der Oktavton von doppelt oder halb so hoher Frequenz wie der Ausgangston. Die aufsteigende Oktave hat die doppelte Frequenz, die absteigende Oktave hat die halbe Frequenz des Ausgangstons.

Oktavieren heißt, eine Frequenz verdoppeln oder halbieren.

Versuchen wir uns einmal im Hinauf-Oktavieren der oben berechneten Tagesfrequenz der Erde: Verdoppeln wir den Frequenzwert immer wieder, so gelangen wir nach 24- oder 25-maligem Oktavieren in den mittleren hörbaren Bereich bei 194,18 Hertz beziehungsweise 388,36 Hertz.

Dieser Klang entspricht heutzutage einem g in unserem Notensystem und wird vom Violinschlüssel angezeigt. Wenn wir noch wesentlich weiter hinauf-oktavieren, so gelangen wir in der 65. Oktave in den für das Auge sichtbaren Bereich von etwa 702 Nanometern Wellenlänge. Diese Schwingung nehmen wir über die Augen als strahlendes Feuerrot wahr.

Da sich Oktavtöne qualitativ entsprechen, haben wir auf diese mathematische und überall gültige Art und Weise zwei sinnlich wahrnehmbare Äquivalente zur Tagesfrequenz gewonnen, ein hörbares Äquivalent, das der Note g entspricht, und ein sichtbares Äquivalent in Gestalt feuerroten Lichts.

Das verbindende Urgesetz der Oktave

Durch das verbindende Band der Oktave ist es uns möglich, das ganze Sonnensystem in den hörbaren und sichtbaren Bereich zu transponieren, wobei die Anzahl der Oktaven den »Maßstab« angibt, genau wie man eine Landschaft in einem Maßstab auf einer Landkarte darstellen und sich so ein Bild von der abgebildeten Gegend machen kann. Genau dies war Hans Coustos große Entdeckung. Nichts anderes haben unsere Vorgänger wie Ptolemäus, Kopernikus, Kepler auch zu formulieren versucht. Kepler meinte, es werde Musik ertönen, wenn der Himmel die nötige Luft hätte.

Der Erde lassen sich drei ganz grundlegende Rotationen zuordnen: Zum einen lässt sich die Tagesrotation, wie oben beschrieben wurde, berechnen. Des Weiteren bewegt sich die Erde in 365,25 Tagen um die Sonne. Aus dieser Periode lässt sich der Urton des Erdenjahres berechnen. Es ist ein cis mit der zugeordneten Farbe Türkisgrün.

Als Letztes kreiselt die Erdachse innerhalb von Jahren um sich selbst. Durch diese ist die Wanderung des Frühlingspunkts bedingt.

Derzeit wandert dieser Frühlingspunkt in das Sternbild Wassermann, weswegen wir auch vom Wassermann-Zeitalter sprechen. Diese Umlaufperiode dauert durchschnittlich 25 926 Jahre. Daraus lässt sich der Urton des platonischen Jahres berechnen: Es ist ein f mit der zugehörigen Farbe Violett beziehungsweise Purpur (es erscheint zwei Mal im für das menschliche Auge sichtbaren Spektrum).

Unmittelbar zu unserem kosmischen System gehört auch der Mond, der aber nicht nur durch Ebbe und Flut sein Dasein demonstriert. Eine Periode von Neumond zu Neumond – also der synodische Monat – dauert 29 Tage, 12 Stunden, 43 Minuten und 11,5 Sekunden. Aus diesen Werten ergibt sich der wichtigste Urton des Mondes in Gestalt der Note gis und einem strahlenden Orange.

Mittlere hörbare Oktavfrequenzen und sichtbare Oktavfarben der grundlegenden Urtöne von Erde und synodischem Mond

■ Erdentag	194,18 Hz
■ Erdenjahr	136,10 Hz
■ Platonisches Erdenjahr	172,06 Hz
■ Synodischer Mond	210,42 Hz

Stellen Sie sich nun vor, dass diese Frequenzen seit Jahrmillionen konstant und unhörbar leise, aber dennoch mit voller biologischer Verbindlichkeit ihre Botschaft über die ganze Erde und weit hinaus ins All senden. Dies sind für unser Zellsystem klar und deutlich wahrnehmbare Signale mit tiefster biologischer Wirkung.[6]

Zahlreiche Forschungen, u. a. die Psycho-Kinesiologie nach Klinghardt, belegten in den letzten fünfzehn Jahren die vielfältige Heilkraft dieser kosmischen Sendesignale:

- *Der Erdentag dynamisiert, stärkt das Immunsystem, aktiviert die DNS, die Zellteilung. Er bildet den Puls des Lebens.*
- *Das Erdenjahr führt zu Entspannung, Ruhe, innerem Frieden.*
- *Das platonische Jahr klärt den Geist, löst kinesiologische Testblockaden, ist der Meisterton der anderen Erdentöne und ermöglicht Einblicke in die Ordnung der Dinge.*
- *Der Mond regiert über das Reich der Flüssigkeiten, der Lymphe, der Säfte, der Emotionen und der Fruchtbarkeit.*

6 *Wie im Buch »Klänge des Lebens« dargestellt, haben selbst kosmische Katastrophen im Sinne Velikovskys keine dauerhafte Änderung dieser Werte bewirkt.*

Die Sferics

Die Wirkungen dieser Grundfelder unseres Planeten reichen aber weiter und tiefer. Sie beeinflussen alle weiteren natürlichen elektromagnetischen Felder auf unserem Planeten. Werfen wir dazu einen Blick auf die Forschungsarbeiten von Hans Baumer, der 1978 ein Buch über Wetterfrequenzen, die Atmosferics, veröffentlichte, die in der Informationsmedizin kurz als Sferics bezeichnet werden.

Sferics sind kurzlebige elektromagnetische Impulse mit einer Wiederholungsrate von maximal 150 Impulsen pro Sekunde. Sie entstehen ein bis zwei Tage vor einem Wetterwechsel in der Erdatmosphäre. Diese Sferics wurden 1980 vom Max-Planck-Institut für Biophysik, Martinsried, im Rahmen einer Untersuchung über die Wetterstrahlung aufgezeichnet.

Hans Cousto und Hans Baumer erkannten aus diesen Messungen, dass Sferics Oktavfrequenzen des Urtons des Erdentags oder davon abgeleitete harmonische Intervallfrequenzen sind. Diese Übereinstimmung der Frequenzen wurde genauestens bestätigt, die Abweichungen der Messwerte von den mathematischen Werten sind so gering, dass sie vernachlässigt werden können oder schlicht Messfehler sind.

Es wurden folgende Sferics gemessen und mit den Oktavwerten des Erdentags verglichen:

Sferics-Werte	Vergleich mit Werten des Erdentags
6226,26 Hz	6230,80 Hz
10 377,10 Hz	10 384,66 Hz (große Sexte)
12 452,52 Hz	12 461,59 Hz
28 018,17 Hz	28 038,58 Hz (großer Ganzton)

Alle Sferics sind Oktavtöne oder stehen in harmonikalen Proportionen zum Frequenzspektrum des Erdentags, und ausgerechnet die beiden deutlichen Abweichwerte vom Oktavton des Erdentags, jene mit der Frequenz 10 377,10 Hertz und 28 018,17 Hertz, sind nach neuester Forschung mit hoher Wahrscheinlichkeit verantwortlich für eine ganze Reihe von Erkrankungen bis hin zu epileptischen Anfällen. Hier erklärt sich auch die Symptomatik der Wetterfühligkeit:

Die minimalen Abweichungen in den uns umgebenden Frequenzfeldern verstimmen bei sensiblen Mitmenschen das System, und nach allem, was wir heute wissen, reagieren auch verschiedenste Tierarten auf jene Sferics und richten sich vorausschauend auf Unwetterbedingungen ein. Interessanterweise brachten diese Forschungen noch etwas sehr Wichtiges ans Licht: Im Zuge solcher Unwetter-Sferics verschlechterten sich in der Tiefdruckindustrie die Gelatinedruck-Ergebnisse. Die Erklärung dafür ist genauso einfach wie folgenschwer: Die langkettigen Moleküle der für diesen Druckvorgang synthetisch hergestellten Gelatine ordneten sich beim Aufziehen von Wetterfronten räumlich schlicht ein wenig anders an als bei normalen Wetterbedingungen. Dies zeigt uns eindrucksvoll, wie mächtig diese harmonikalen elektromagnetischen Felder sind.

Zusammenfassend kann ich sagen: Die Frequenzfelder im uns umgebenden Raum beeinflussen die räumlichen Molekülbildungen komplexer organischer Moleküle. Kleine Verstimmungen können hier große Folgen haben: Das krasseste Beispiel ist vielleicht die organische Verbindung Benzo(a)pyren, eine der am stärksten karzinogenen Substanzen, die bekannt sind. Diese Substanz ist von der chemischen Grundformel identisch mit Benzo(e)pyren, das vergleichsweise harmlos ist, aber eine völlig andere räumliche Struktur aufweist.

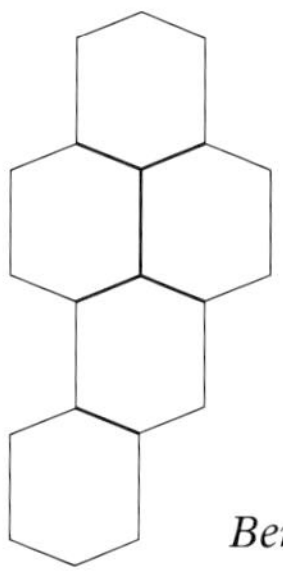

Benzo(a)pyren

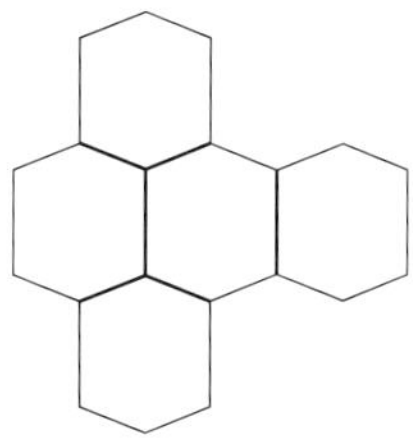

Benzo(e)pyren

Die Ausrichtung der Benzolringe zur einen oder anderen Verbindung ist von ganz subtilen Reizen abhängig. Aus Forschungen dieser Art erkannte man schnell, dass von den Bewegungen der Erde und der umgebenden Himmelskörper erzeugten Frequenzfelder, so klein ihre grundlegenden Werte auch sind, gigantische Wirkungen ausgehen können: Selbst das Arrangement von organischen Verbindungen muss sich mit diesen vorherrschenden Feldern arrangieren.

Arrangieren ist hier das Schlüsselwort: Arrangieren mussten sich auch die sich bildenden Moleküle in der »Ursuppe« des Lebens. Wollten sie gegen den Strom schwimmen oder im Einklang mit den irdischen Harmoniefeldern sein? Die Natur agiert klug, effizient und energiesparend und baut auf die vorteilhaften Effekte der Resonanz und Synergie.

Nach neueren Forschungen richten sich alle Systeme auf die durch die Urtöne vorgegebenen Felder aus. Daraus entwickelten sich unsere heutigen Lebensumfelder, die systemischen Ebenen, Anordnungen und Strukturen der Makromoleküle, der DNS, der Zellen, der gesamten lebendigen Welt. Die Urtonfrequenzen bestimmen, so meine

Schlussfolgerung, unsere Gesundheit ultimativ – jenseits politischer und ideologischer Diskussionen: Sie sind die Grundpfeiler des gesunden Lebens, und wir sind untrennbar mit ihnen verwoben und werden es immer sein. Und wie kommen diese Urtöne bis hinunter auf unsere Erde? – Unser erdeigenes Magnetfeld ist für diese kosmischen Signale der beste Empfänger, den man sich vorstellen kann.

Nun haben wir die Hauptkomponenten unseres kosmischen Senders skizziert. In der Folgezeit berechnete Cousto die Urtöne sämtlicher Planeten im Sonnensystem. Später gesellten sich die Frequenzen der irdischen Magnetfelder und grundlegender Moleküle dazu.

In Anlehnung an die oben bereits angedeuteten Qualitäten der irdischen Urtöne stellt sich sofort die Frage nach der therapeutischen Relevanz der vielen Frequenzen. Meine rund zwanzigjährige Erfahrung bestätigt derzeit, dass jeder Urton mit einer bestimmten Qualität biologischen beziehungsweise seelischen Lebens verbunden ist. Dabei scheinen die insgesamt sieben Urtöne der Erde, des synodischen Mondes, der beiden inneren Planeten Merkur und Venus ebenso wie der Sonne die deutlichsten Wirkungen auszulösen. Unsere sieben primären feinstofflichen Energiezentren, auch als die sieben Hauptchakren bezeichnet, korrespondieren, wie die therapeutische Erfahrung der letzten Jahrzehnte zeigt, in faszinierender Präzision mit diesen genannten sieben Urtonfrequenzen; daraus ergibt sich eine differenzierte und tiefgreifende Therapiemöglichkeit. Wenn Sie jetzt bedenken, dass diese sieben Chakren zugleich unsere sieben großen Drüsenzentren und Ganglienknoten beeinflussen, dass sie weiterhin wie eine moderne Firewall eines Computers über das Ein- und Ausströmen der Energie in beziehungsweise aus unserem Körper heraus wachen, so ahnen wir an dieser Stelle bereits, welch weitreichende Heilarbeit mit dem Feld der Gesundheit möglich ist.

Die weiteren Planeten Mars, Jupiter, Saturn, Uranus, Neptun, Pluto sowie die Monde der Planeten haben nach Meinung vieler Therapeuten eher die Funktion der Obertöne im Orchester des Lebens. Allerdings haben sich in den letzten Jahren in meiner therapeutischen Arbeit Hinweise ergeben, dass Neptun wertvolle Beiträge bei der behutsamen Auflösung seelischer Verwundungen leisten kann, während Jupiter warme und großherzige Qualitäten verstärkt und oftmals im Zusammenhang mit der Bearbeitung von Vater-Themen eine harmonisierende Rolle spielt. Die Mars-Frequenzfelder steuern die Fähigkeit der eigenen Abgrenzung und Zieldurchsetzung. Dazu erfahren Sie im Praxisteil des Buchs noch mehr.

Eine ganz andere Qualität bekommt die therapeutische Arbeit mit den Feldwerten, wenn man diese in Kombinationen anwendet. Die

Forschung steht hier noch ganz am Anfang. Beispielsweise hat sich die Kombination von platonischem Jahr, Mond, Erdenjahr und Erdentag, also der unmittelbaren Erd- und Mondfrequenzen in einer genau definierten Reihenfolge bei der Behandlung von Wunden und akuten Verletzungen als sehr wirksam erwiesen. Dazu später mehr. Wie aber, so war zu klären, geschieht die Umsetzung der Urtöne in die Welt der Stofflichkeiten?

Die Entdeckung der Gesundheitsfelder und die Antennenfunktion der DNS

> *»Wissenschaftliche Revolutionen entstehen nie in den Elfenbeintürmen der etablierten Lehrgebäude. Sie entstehen in den Hirnen genialer Außenseiter.«*
> Thomas Kuhn

In den 1990er Jahren gelang durch die Forschungen von Prof. Fritz Albert Popp der Nachweis, dass unsere biologischen Zellen mittels einer beeindruckenden Sprache aus kohärentem Licht, sogenannten Biophotonen, miteinander kommunizieren (Popp 2002). Die russische Genetik konnte auf solchen Erkenntnissen aufbauen, und es gelang sogar, genetische Information über den Weg dieser Biophotonenkommunikation zu verändern.[7]

Information löste sich thematisch von der stofflichen Grundlage, die Erbinformation, die DNS, erschien plötzlich in ganz anderem Licht: Nicht nur die bekannten Gene, nein wesentlicher noch auf den DNS-Molekülen abgelegte Informationen bestimmen über die Verstofflichungsprozesse. Die DNS erwies sich als eine Art Antenne und Biochip in einem, welche die Zelle mit umgebenden artenspezifischen und kosmischen Informationsfeldern verbindet – und dies in Billionen von Zellen in jedem menschlichen Körper. Messdaten ergaben:

Die Lichtsignale zur Kommunikation der Zellen untereinander werden von unseren Erbinformationsmolekülen erzeugt und ausgesendet, diese entpuppen sich bei genauem Betrachten als antennenartige Kommunikationssysteme einerseits und als Biochips zur Speicherung von Lichtsignalen andererseits.

Hier hat Popp unsere Aufmerksamkeit auf die Qualität von Informationsfeldern gelenkt, den Blick auf das Notenblatt, auf die steu-

7 Vgl. Artikel in der Monatszeitschrift »Tattva Viveka«, September 2003, über die Arbeiten des russischen Genetikers Peter Garjajev.

ernde Musik des Lebendigen, die eine entscheidende Bedeutung für Gesundheit und Lebenskraft hat. Neben Popp hat Pjotr Garjajev, russischer Genetiker, diese Erkenntnisse aufgegriffen und vertieft. Garjajev erkannte, dass ordnungsbildende Felder tiefgreifende Auswirkungen auf lebendige Organismen haben. Dieser Weg führt wiederum über unsere Erbinformation, über die DNS. Die DNS bildet demnach eine Musik des Lebens ab, entnommen aus umliegenden Informationsfeldern; sie versteht dabei eine ganz eigene Ursprache des Lebendigen. Die Gene verstehen sich als duale Erscheinungen, sie erscheinen je nach Perspektive des Betrachtenden als Substanz einerseits und als Feld, als Hologramm andererseits.

Schauen wir nun Garjajev und seinem Team etwas genauer über die Schulter: Mittels der von Popp entwickelten Biophotonen-Aufzeichnungstechnologie zeichneten die Forscher die Biophotonenmuster von Zellen eines Salamanderembryos auf. Diese Informationsmuster applizierten die Forscher auf die Zellverbünde eines Froschembryos. Nun dürfen Sie einmal raten, welches Tier in der Folge Gestalt annahm. Richtig: Es entstand ein Salamander ...

Noch etwas stellte sich bei den Forschungen heraus. Die Biophotonen-Informationen können von der DNS ausgesendet und empfangen werden. Gespeichert werden sie auf dem längsten Teil des Moleküls. Es zeigte sich hier, dass lediglich zehn Prozent der Länge für die Kodierung der stofflichen Gene benötigt wird. Ausgestreckt hat jedes DNS-Molekül eine Länge von knapp zwei Metern und bietet Speicherplatz für drei Gigabit elektromagnetischer Information – Werte, die unsere modernen Computer winzig klein erscheinen lassen.

Garjajev erkannte: Die DNS fungiert eindeutig auch als eine Art Antenne und Sender für ein Hologramm aus Wellenstrukturen – Radiowellen, körpereigenem Laserlicht oder Quantenstrahlung. Dieses Hologramm beinhaltet den Bauplan des Lebens.

Für uns ist hier wichtig, dass die DNS der zentrale Empfänger, Sender und Speicher elektromagnetischer Information ist. Passende Information wird gespeichert und in der einen oder anderen Art und Weise verstofflicht. Die DNS ist ein aktiver Biochip zur Interpretation, zum Empfang und Senden von elektromagnetisch transportierter Information und zum Speichern von Lichtinformation.[8] Wie kommu-

8 Wie weit diese noch jungen Erkenntnisse reichen, illustriert ein kleiner Artikel der Autoren Grazyna Fosar und Franz Bludorf über die Beziehung eines Handy-Telefonats zu unserer DNS, der im Internet unter www.newater.org/downloads/handy.pdf zu finden ist. Vorsicht: Die DNS »hört« die elektromagnetisch digitalisierten Informationsströme mit und verstoffwechselt gegebenenfalls Teile davon.

nizieren nun Organismen mit den umgebenden Feldern der Gesundheit? Ich kann schlussfolgern, dass sie die Fähigkeiten der in einem einzigen Organismus billionenfach vorhandenen DNS nutzen und damit rund um die Uhr online zu den Gesundheitsfeldern gehen. Die Folgen der modernen Verstimmung durch Überlagerungen durch schädliche Frequenzmuster, die von der DNS ebenfalls gespeichert und verwertet werden können, erscheinen in diesem Kontext dramatisch. Subtile Ursachen können riesige unvorhergesehene Wirkungen zeitigen.

Mit diesem Wissen können wir feststellen, dass wir gesunde und extrem bioaktive Frequenzmuster auf der Basis der Urtöne unserem Umfeld und Organismus zuführen können. Damit verwenden wir eine Ursprache des Lebendigen. Auf Grund der harmonischen Beziehung zu unserem Biosystem »stürzt« sich die DNS sofort auf die lebensfördernden Informationen und baut diese wieder in das verstimmte System ein.

Fallbeispiel aus der modernen Arztpraxis

An einem in den USA von der Ärztin Sharon Fulford aufgezeichneten Fallbeispiel können dieser Zusammenhang, seine Anwendung und seine Wirkgeschwindigkeit bestens beleuchtet werden:

Ein Patient erlitt ein Schleudertrauma, das Teile der Schulter und des Kopfs schockartig verstimmte. Die Thermografie weist diese Areale als weiße Bereiche aus, die von flammenartigen entzündeten Bereichen umgeben sind. Das Gewebeareal ist komplett verstimmt.

Der Patient litt seit fünf Jahren an schweren Nacken- und Kopfschmerzen, die nur mit harten Schmerzmedikamenten temporär eingedämmt werden konnten. Mittels der ONDAMED®-Technologie (vgl. hierzu Seite 29) wurden nun gezielte Frequenzimpulse in dieses Areal bis in die Tiefen der DNA eingebracht.

Getreu unserer Theorie wurden diese stimmigen Impulse von der DNS der betroffenen Areale dankbar aufgenommen und umgesetzt. Nach nur dreißigminütiger Therapie waren die gestörten Areale umgestimmt und harmonisiert.

Die entsprechende zweite Thermografieaufnahme dokumentiert dies bestens, und der Patient verbrachte nach dieser Behandlung seine erste schmerzfreie Nacht seit fünf langen Jahren.[9] Für alle Therapeuten überraschend war dabei die hohe Geschwindigkeit, mit der sich Information in stoffliche Heilungsvorgänge transformiert.

9 Siehe www.ondamed.de/publication/html/en/caseP03.html.

Was passiert hier im stofflichen Detail?
Die stofflichen Umsetzungen erscheinen je nach Frequenzwert höchst unterschiedlich und komplex und sind am Beispiel der entspannenden Wirkung des Erdenjahres meines Erachtens noch am besten zu verstehen: Erreichen die auf das Erdenjahr gestimmten Frequenzen den Organismus, identifiziert die DNS diese Frequenzqualität, verteilt die Information über das körpereigene Kommunikationsfeld mit höchster Geschwindigkeit im gesamten Gewebe, und Billionen von Körperzellen reagieren auf die ihnen entsprechende Weise. Die DNS regt eine Urton-spezifische Stoffwechselreaktion im Nervensystem an.

Biochemisch lassen sich dazu folgende Aspekte darlegen: Nervenzellen gibt es in großer Anzahl in jedem vitalen Organismus. Beim Menschen schätzt man sie auf etwa zehn Milliarden. Nervensignale entstehen durch ein komplexes Zusammenspiel von Natrium- und Kaliumionen in der Flüssigkeit innerhalb und außerhalb der Nervenzelle. Diese beiden Flüssigkeiten sind durch die Nervenzellmembranen voneinander getrennt. Vereinfacht gesagt besorgen sogenannte Ionenpumpen den Transport von innen nach außen und umgekehrt.

Im Ruhezustand wird alle 136stel Sekunde je ein Kaliumion in die Zelle gepumpt. Wer mitgerechnet hat, der sieht sofort, dass der Kaliumtransport auf das Erdenjahr resoniert. Er ist auf cis gestimmt. Das Einschwingen entsteht durch ein exakt getaktetes Umschalten des Nervenstoffwechsels auf das Erdenjahr. Der Kreis schließt sich.

Viele der hinter diesen Effekten arbeitenden chemischen Prozesse sind in ihrem Ablauf noch gänzlich unverstanden. Neben den schulchemisch nachvollziehbaren Reaktionen entdecken wir immer mehr die Potenz der Zellen wieder, in geradezu alchimistischer Art und Weise aus chemischen Elementen neue und andere chemische Elemente und daraus abgeleitete Verbindungen zu synthetisieren.

Während der indische Arzt Dr. Dinshah Ghadiali bereits vor Jahrzehnten darauf hinwies, dass der Organismus in der Lage ist, aus Licht bestimmter Wellenlängen chemische Elemente zu synthetisieren, so haben moderne Forschungen aufgezeigt, dass der Zellstoffwechsel das Element Natrium in das Element Kalium verwandeln kann, Kalium in das Element Kalzium. Aus Silizium kann ebenfalls Kalzium synthetisiert werden. Dies sind Prozesse, die die Chemie bis heute nicht im mindesten reproduzieren kann (Arndt 2002: 146).

All diese Ergebnisse lassen eine neue Perspektive auf das Leben entstehen: Leben erscheint in dieser Sprache beschrieben als ein dynamischer, nicht enden wollender Strom von Energie und Information, ein nicht enden wollender Tanz von Farbströmen und Klangmeeren, als ein Ausrichten an Gestalt gebenden Feldern, an denen sich schon vor Urzeiten die ersten Makromoleküle ausgerichtet haben.[10]

Das Feld der Gesundheit zeigt sich

> *»Also wenn ihr den Mikrokosmos in der äußeren Natur erkennt, werdet ihr darin das Geheimnis begreifen, das im Menschen liegt.«*
> Paracelsus

Es lässt sich meines Erachtens klar erkennen, dass die Urtonfelder das Feld der Gesundheit zu ganz wesentlichen Teilen konstituieren. Basierend auf den durch die mathematische Frequenzberechnung darstellbaren Werten und den zugeordneten Farben, können wir erstmals ein Abbild des Feldes der Gesundheit darstellen.

Diese Auflistung von Werten repräsentiert die harmonikale Urordnung des Universums in einem biologisch höchst relevanten Ausschnitt. Sie bildet die definitive Grundlage für das therapeutische System dieses Buchs. Die Werteskala setzt sich bedingt durch die Oktavierungsmöglichkeiten prinzipiell aus dem Unendlichen kommend ins Unendliche fort, in der praktischen Arbeit setzen uns die therapeutischen Gerätschaften von heute enge Grenzen in der Anwendbarkeit: Hochwertige therapeutische Geräte wie das ONDAMED®-Gerät sind in der Lage, Werte von 0,1 Hertz bis etwa 35 000 Hertz in einer Arztpraxis abrufbar zu machen.[11] Aufwendige Lichttherapiegeräte liefern alternativ die exakten Farbwerte in lediglich einer einzigen deutlich höheren Oktave. Die von Popp erforschten Biophotonenprozesse geschehen auf noch deutlich höheren Frequenzebenen (in etwa im Bereich von 1 000 000 000 000 000 Hertz). Diesbezüglich haben Forschungen unter anderem von Franz Morell und Erich Rasche, den Entwicklern der Mora-Bioresonanztherapie, ergeben, dass wichtige Elemente der Poppschen Kohärenztheorie auch im niedrigen und von uns verwendeten Frequenzbereich existieren. Das bedeutet: Durch das verbindende Band der Oktave können wir auch in den Frequenzbereichen der Stimmgabeln die gleichen Gesetzmäßigkeiten wie im Hochfrequenzbereich erwarten.

10 Zum Weiterlesen: www.netzeitung.de/genundmensch/194083. html.

11 Das bekannteste Gerät ist das ONDAMED®-Gerät der Binder GmbH, das auch therapeutische Urtonprogramme aus der Entwicklung des Autors implementiert hat. Infos unter www.ondamed.de.

Für die einfache Anwendung zu Hause können wir also mit medizinischen Stimmgabeln arbeiten, welche die wichtigsten Urtöne im Bereich zwischen 100 Hertz und 260 Hertz abbilden und hervorragend zur grundlegenden heilerischen Arbeit verwendet werden können. Sollten Sie Besitzer eines Spektrochrom-Systems sein, können Sie auch mit den Lichtwerten arbeiten, allerdings verfolgen wir in diesem Buch den Weg mit den Stimmgabeln.

Im Folgenden sind die Wertetabellen der Feld-Eckwerte im therapeutisch zugänglichen Bereich für alle Anwender von Stimmgabeln und ONDAMED® abgebildet, sortiert nach Farbspektren für alle Anwender der Spektrochrom-Therapie und gerundet auf zwei Nachkommastellen; Messwerte sind dargestellt in der Maßeinheit Hertz.

■ Delta-Wellenbereich	0,5 bis 4 Hertz
■ Theta-Wellenbereich	4 bis 8 Hertz
■ Alphabereich	8 bis 16 Hertz
■ Betabereich	16 bis 32 Hertz
■ Stimmgabel-Werte	zwischen 120 und 290 Hertz

Sarosperiode Mond Spektrochrom-Gelbgrün	Schumann Spektrochrom-Gelbgrün	Sonne Spektrochrom-Gelbgrün	Erdenjahr Spektrochrom-Grün	Pluto	Merkur	Mars Spektrochrom-Blau
			0,53	0,55	0,55	0,57
0,94	0,98	0,99	1,06	1,10	1,10	1,13
1,89	1,95	1,97	2,13	2,19	2,21	2,26
3,77	3,91	3,94	4,25	4,38	4,41	4,52
7,55	7,82	7,89	8,51	8,77	8,83	9,05
15,10	15,63	15,78	17,01	17,53	17,66	18,09
30,20	31,26	31,56	34,03	35,06	35,32	36,18
60,39	62,52	63,11	68,05	70,13	70,64	72,36
120,78	125,04	126,22	136,10	140,25	141,27	144,72
241,56	250,08	252,44	272,20	280,50	282,54	289,44
483,12	500,16	504,88	544,40	561,00	565,08	578,88
966,24	1000,32	1009,76	1088,80	1122,00	1130,16	1157,76
1932,48	2000,64	2019,52	2177,60	2244,00	2260,32	2315,52
3864,96	4001,28	4039,04	4355,20	4488,00	4520,64	4631,04
7729,92	8002,56	8078,08	8710,40	8976,00	9041,28	9262,08
15 459,84	16 005,12	16 156,16	17 420,80	17 952,00	18 082,56	18 524,16
30 919,68	32 010,24	32 312,32	34 841,60	35 904,00	36 165,12	37 048,32

Saturn Spektrochrom-Blau	Platonisches Erdenjahr Spektrochrom-Violett	Jupiter	Kulmination Mond	Erdentag Spektrochrom-Rot	Sternentag Spektrochrom-Rot	Uranus Spektrochrom-Orange
0,58	0,67	0,72	0,73	0,76	0,76	0,81
1,16	1,34	1,43	1,47	1,52	1,52	1,62
2,31	2,69	2,87	2,93	3,03	3,04	3,24
4,62	5,38	5,74	5,86	6,07	6,08	6,48
9,24	10,75	11,47	11,73	12,14	12,17	12,96
18,48	21,51	22,95	23,45	24,27	24,34	25,92
36,96	43,02	45,90	46,90	48,55	48,68	51,84
73,93	86,03	91,79	93,81	97,09	97,36	103,68
147,85	172,06	183,58	187,61	194,18	194,71	207,36
295,70	344,12	367,16	375,22	388,36	389,42	414,72
591,40	688,24	734,32	750,44	776,72	778,84	829,44
1182,80	1376,48	1468,64	1500,88	1553,44	1557,68	1658,88
2365,60	2752,96	2937,28	3001,76	3106,88	3115,36	3317,76
4731,20	5505,92	5874,56	6003,52	6213,76	6230,72	6635,52
9462,40	11 011,84	11 749,12	12 007,04	12 427,52	12 461,44	13 271,04
18 924,80	22 023,68	23 498,24	24 014,08	24 855,04	24 922,88	26 542,08
37 849,60						

Synodischer Mond Spektrochrom-Orange	Neptun Spektrochrom-Orange	Venus	Siderischer Mond	Metonischer Mondzyklus Spektrochrom-Gelb	Knotenumlauf Mond Spektrochrom-Gelb	Apsidenumlauf Mond
0,82	0,83	0,86	0,89	0,90	0,91	0,96
1,64	1,65	1,73	1,78	1,79	1,83	1,92
3,29	3,30	3,46	3,55	3,58	3,66	3,84
6,58	6,61	6,91	7,11	7,16	7,32	7,69
13,15	13,22	13,83	14,21	14,33	14,64	15,38
26,30	26,43	27,65	28,43	28,65	29,27	30,76
52,61	52,86	55,31	56,86	57,31	58,54	61,51
105,21	105,72	110,62	113,72	114,61	117,08	123,02
210,42	211,44	221,23	227,43	229,22	234,16	246,04
420,84	422,88	442,46	454,86	458,44	468,32	492,08
841,68	845,76	884,92	909,72	916,88	936,64	984,16
1683,36	1691,52	1769,84	1819,44	1833,76	1873,28	1968,32
3366,72	3383,04	3539,68	3638,88	3667,52	3746,56	3936,64
6733,44	6766,08	7079,36	7277,76	7335,04	7493,12	7873,28
13 466,88	13 532,16	14 158,72	14 555,52	14 670,08	14 986,24	15 746,56
26 933,76	27 064,32	28 317,44	29 111,04	29 340,16	29 972,48	31 493,12

Farblich markiert sind die einzelnen Bereiche der Gehirnwellen, jene Werte, für die bereits klinische Stimmgabeln auf dem Markt sind.

Besonders interessant ist die Wirkung der in den Tabellen aufgelisteten Feldwerte auf die Bereiche der Gehirnwellen.

- *Im Deltabereich finden tiefe Selbstheilungsprozesse statt. Diese Gehirnwellen sind auch aktiv, wenn in tiefer Trance gearbeitet wird.*
- *Der Thetabereich führt in das Reich der Träume.*
- *Der Alphabereich entspricht einem entspannten Ruhezustand und der Betabereich dem aufmerksamen Wachzustand.*

Ein gezieltes Verwenden der zugeordneten Frequenzwerte kann hervorragend genutzt werden, um beispielsweise einschlaf- oder konzentrationsfördernde Wirkungen zu verstärken.

Ergänzend finden Sie Erklärungen zu weiteren astronomischen Begriffen im Zusammenhang mit den in den Tabellen aufgelisteten Urtönen:

Apsidenumlauf: die Dauer einer Drehung der Achse der Mondbahnellipse durch die Ekliptik. Die beiden Endpunkte der Achse heißen Perigäum (erdnächster Punkt der Mondbahn) und Apogäum (erdfernster Punkt der Mondbahn). Die Dauer einer Drehung beträgt zirka 8,85 Jahre.

Metonischer Mondzyklus: Die Zeitspanne von zirka 19 Jahren, nach denen Sonne und Mond an gleichen Tagen gleiche Aspekte haben. Der Metonische Zyklus ist die Grundlage der kombinierten Sonne-Mond-Kalender.

Mondknoten: Die Dauer eines Umlaufs des Mondknoten durch die Ekliptik, zirka 18,6 Jahre. Die Mondknoten sind die Schnittpunkte der Mondbahn mit der Ekliptik. Durchwandert der Mond die Ekliptik von Süden nach Norden, dann geht er durch den aufsteigenden Mondknoten, den man auch Drachenkopf nennt; geht er von Norden nach Süden durch die Ekliptik, dann durchläuft er den absteigenden Mondknoten, der auch Drachenschwanz genannt wird.

Mondkulmination: Die Zeitspanne von einem Durchgang des Mondes durch den Süden bis zum nächsten. Der Mond geht jeden Tag durchschnittlich etwa 50 Minuten später auf als am jeweiligen Vortag. Die tägliche Verspätung summiert sich innerhalb eines (tropischen) Monats zu einem Tag zusammen.

Sarosperiode: Die Zeitspanne von zirka 18 Jahren und 10 Tagen, nach denen sich gleichartige Sonnen- und Mondfinsternisse bilden.

Siderischer Mond: Die Zeitspanne eines Mondumlaufs um die Erde, gemessen am Fixsternhimmel. Der siderische Monat ist etwa $2^1/_4$ Tage kürzer als ein synodischer Monat. Dies rührt vom scheinbaren Lauf der Sonne durch die Ekliptik her. Da die Sonne in einem Monat etwa ein Sternzeichen durchwandert, muss der Mond, um sie »einzuholen«, 13 Sternzeichen pro Monat durchlaufen.

Mögliche Gründe für krankmachende Verstimmungen

> *»Und ich sage dir, kleiner Mann:*
> *Du hast den Sinn für das beste in dir verloren.*
> *Du hast es erstickt.«*
> Wilhelm Reich

Wenn die auf den vorherigen Seiten beschriebene Dynamik zwischen dem Feld der Gesundheit und den biologischen Systemen so perfekt funktioniert, müssen wir uns umso mehr fragen, wie Krankheiten überhaupt entstehen. Krankheiten sind meines Erachtens die Folge von Verständnisproblemen des eigenen Systems mit dem Feld der Gesundheit, wobei das bereits geschilderte Phänomen der Wetterfrontendynamik vergleichsweise harmlos erscheint.

Erinnern wir uns an die einführenden Worte über die kulturellen Verstimmungen des Abendlandes. Diese sind bis zum heutigen Tage wirksam und manifestieren sich in einem diffizilen Komplex von Verdrängungen auf psychischer Ebene und Verspannungen auf somatischer Ebene, wie wir seit den bahnbrechenden Arbeiten von Wilhelm Reich wissen.[12] Diese Konstrukte erzeugen von unserem ersten Atemzug an taube Stellen in uns, an denen es nur noch eine reduzierte oder im Extremfall gar keine Resonanz mehr zum Feld der Gesundheit gibt. Denken Sie daran, was passiert, wenn Sie eine schwingende Gitarrensaite anhalten und dadurch am Schwingen beziehungsweise Resonieren hindern: Der Klang erlischt endgültig und macht einer tiefen Stille Platz. Für uns bedeutet dies: Lebenswichtige Steuerinformationen fallen weg, und das biologische System gerät in die Gefahr, partiell zu entgleisen.

Zum anderen können fremde und übermächtige Informationsprogramme aus den verschiedensten Gründen Ihre Anbindung an die gesunden Informationsprogramme des Feldes der Gesundheit überlagern, verzerren, blockieren. Denken Sie beispielsweise an den Nachbarn, der abends mit einer überdimensionierten Stereoanlage, Lautstärke 10 und härtester Rockmusik das entspannte Genießen Ihrer »Kleinen Nachtmusik« überlagert: Er wird auf Dauer eine mehr oder weniger schwere Verstimmung in Ihnen erzeugen, und je sensibler und geschwächter Sie sind, desto stärker wird die Wirkung der fremdbestimmenden Schwingung für Sie sein. So arbeiten in übertragener Art und Weise sämtliche manipulativen Systeme, gleichgültig, ob

12 Reich, Wilhelm: Charakteranalyse, Köln 1989; Die Funktion des Orgasmus, Köln 1987; Der Krebs, Köln 1994.

diese auf der biologischen Ebene als eindringende Krankheitskeime, auf der politischen Ebene als Ideologie in Erscheinung treten oder als Störung im systemischen Familienfeld vorliegen.

Solche Fremdinformationen überlagern Ihre eigenen Informationsmuster, zwingen Ihnen fremde Signale auf, und sofern diese ein für Ihr biologisches System verstehbares Arrangement benutzen, werden sie auf die eine oder andere Weise erfolgreich sein. Denken Sie auch an Infektionsprozesse auf der biologischen Ebene.

Rosenquarz-Powerkristall (Sammlung Christian Appelt).

Information erlischt nicht

Die Informationsmedizin und die systemische Psychologie haben aufzeigen können, dass kollektive Verdrängungen störend auf die Individuen im Feld zurückwirken und mit ihnen wechselwirken, selbst dann, wenn die Urheber der Verstimmung längst verstorben sind. Bert Hellingers Verdienst ist es hier gewesen, im Zuge des »Familienstellens« durch Konnektierung des systemischen Familienfelds bereits Verstorbene wieder zu Wort kommen zu lassen, nicht zuletzt um unvollendete Situationen heilsam abzuschließen. Solche Verstimmungen greifen über die systemische Familien- oder Gruppenebene in Ihren Hoheitsbereich ein.

Die moderne Informationstechnologie mit ihrem Konglomerat aus Mobilfunkantennen, Radar, Richtfunk sowie modernen Wireless Local Area Networks (W-LAN) sorgen für die möglicherweise größte Informationsverunreinigung aller Zeiten, die fatalerweise Signalsequenzen benutzt, die von unserer Erbinformation (miss-)verstanden und im biologischen Sinne fatal fehlgedeutet werden kann.[13] Mobilfunkstrahlung gilt heutzutage in weiten Kreisen als schwerwiegendes Risiko für biologische Systeme und Gesundheit.[14]

13 Für ein differenziertes Bild siehe www.buergerwelle.de.

14 Siehe dazu den Essay von Dr. Neil Cherry, im Internet unter www.partei-aufbruch.de/mobilfunk/dateien/cherrydeu.htm.

Solche Verstimmungen können je nach Frequenzlage auf den unterschiedlichsten Ebenen beabsichtigte oder völlig unbeabsichtigte Wechselwirkungen erzeugen und Ihre Gesundheit angreifen. Diese wenigen Beispielen illustrieren, wie schnell es in unserer heutigen Zeit zu individuellen Kommunikationsproblemen in der Anbindung an das Feld der Gesundheit kommen kann.

Was zählt: Erworbene Taubheiten können durch Sensibilisierung behutsam aufgeweicht werden. Körperbezogene Therapieverfahren wie die Bioenergetik oder Rolfing können hier wunderbare Wirkungen entfalten, die nicht unterschätzt werden dürfen, denn muskulöse Verspannungen, die jahrelang aktiv sind, lassen sich aus anatomischen Gründen nicht auf Knopfdruck auflösen. Sie sind das störende Korrektiv, das in vielen Fällen Erfolge von anderweitigen Therapien verhindert. Eventuell hat man das Problem auf psychischer Ebene erkannt und erlöst, das Verspannungskorrelat lässt dennoch nicht locker und bindet die frei gewordenen Energien gleich wieder.[15] Ebenso kann bewusstes Hören von gesund gestimmter Musik auf Gesundheit ausrichten – eine Kunst, die uns durch die Arbeiten von Professor Joachim-Ernst Berendt bestens erschlossen wurde.[16]

Verstimmungen können durch die Arbeit mit dem Feld der Gesundheit und den Powerkristallen ausgeglichen werden – eine Arbeit, die sowohl Therapie als auch Prophylaxe sein kann. Ebenso lassen sich Wohnräume zu geschützten, gesund gestimmten Räumen umgestalten.

Genaues Hinschauen und Sensibilisieren für die Vielfalt subtiler Verstimmungstechniken ist ebenfalls wichtig für das Gesundbleiben.

Denken Sie stets daran, dass es niemandem nützt, wenn Sie weiterhin Ihre Kraft verlieren und in einen immer tieferen Strudel aus Verstimmung und Krankheit geraten. Und wenn Sie Ihre diesbezüglichen Rahmenbedingungen nicht ändern können, so schützen Sie sich! Die Powerkristalle und die Praxisanwendungen dieses Buchs werden Ihnen dabei Hilfestellung geben können.

15 Lesetipps: Reich, Eva und Ezther Zornanzky: Sanfte Bioenergetik, München 1997; Rolf, Ida P.: Rolfing, München 1997.

16 Berendt, Joachim-Ernst: Das dritte Ohr, Reinbeck 1985. Siehe auch die zahlreichen Sensibilisierungsübungen in dem Buch »Klänge des Lebens« von Christian Appelt, Freiburg 2000.

Grundlegende Definitionen von Gesundheit, Krankheit und Heilung

> *»Gesundheit erflehen die Menschen von den Göttern; dass es aber in ihrer Hand liegt, diese zu bewahren, daran denken sie nicht.«*
> Demokrit

Wenn wir »Leben« als einen Resonanztanz zwischen Feldinformationen und Energie einerseits sowie stofflicher Inkarnation andererseits verstehen, so ergeben sich neue Perspektiven im Umgang mit den Begriffen von Gesundheit, Krankheit, Therapie und Heilung. Darum sollen zunächst Arbeitsdefinitionen dieser Begriffe entwickelt werden. Auf Basis der erarbeiteten Forschungsergebnisse sind wir verwoben mit einer Fülle ordnender Felder kosmischen Ursprungs, deren Gesamtheit wir als »Feld der Gesundheit« bezeichnen.

Um uns nach Störungen vielfältigster Art immer wieder neu zu justieren, zu harmonisieren und zu stabilisieren, müssen wir ebenso wie alle anderen lebendigen Systeme resonanzfähig sein, das freie Schwingen in unserem Organismus in einem gewissen Mindestrahmen zulassen. Jegliche Form von Blockaden, Konflikten und Verdrängungen behindern generell diese Resonanzfähigkeit, wie auch eine verstimmte oder festgehaltene Violinensaite nicht mehr gut »klingen« kann.

Von gewissen Einschränkungen werden wir uns wohl nie ganz befreien können, weil unsere kulturellen Schatten, das meint die ausgegrenzten, kulturell nicht zugelassenen Lebensanteile, spezifische Blockaden mit sich bringen.

Auch die Phänomene des Bewusstseins sind fest mit den umgebenden Feldern verwoben, wie sollte es auch anders sein können. Bewusstsein präsentiert sich als ein Kontinuum von atomarem Bewusstsein, molekularem Bewusstsein, Zellbewusstsein, Organbewusstsein, Individualbewusstsein, Gruppenbewusstsein, Artenbewusstsein, Planetenbewusstsein, kosmischem Bewusstsein. In all diese Ebenen können wir therapeutisch eingreifen.

Bei den hier vorgestellten Ansätzen vertrauen wir ebenso wie Stanislav Grof (2002), Ken Wilber und andere Vertreter transpersonaler und systemischer Ansätze auf die Selbstheilungskraft und Selbstordnungskraft dieser Felder. Wieder regulationsfähig, wird sich das Individuum anhand des Ausrichtens auf das Feld der Gesundheit neu sortieren und auf die gruppen- und artenspezifischen Felder neu ausrichten. Die therapeutische Erfahrung lehrt uns seit Jahren, dass wir diesen Ebenen vertrauen können, zumal sich ein Großteil der inneren Konfliktstrukturen so oder so nur äußerst unvollkommen in Worte fassen lässt. Im Praxisteil des Buchs finden Sie hierzu eine Fülle von Anregungen.

Ich schlage abschließend folgende Begriffsfestlegungen vor:

- *Gesundheit beschreibt die Fähigkeit des lebendigen Systems, in stabilem Kontakt zu dem Feld der Gesundheit zu stehen; das Vermögen, sich nach Störungsphasen wieder dynamisch auf dieses Feld auszurichten und selbst zu reinigen und mit angemessen licht- und ordnungsreicher Nahrung zu versorgen; einen Zustand des Erfülltseins mit Licht.*
- *Diese Definition impliziert auch die Forderung nach der uneingeschränkten Verfügbarkeit der Gesundheitsfeld-Informationen – ein Umstand, der in unserer heutigen Zeit der unreflektierten Verbreitung technischer Informationsfelder durch Mobilfunk, UMTS, Radar, Haarp stark an Bedeutung gewinnt.*[17]
- *Krankheit erscheint in diesem Licht als das Unvermögen des lebendigen Systems, in stabilem, selbstregulierendem Kontakt zu dem Feld der Gesundheit zu stehen. In der Folge stabilisieren die dadurch zunehmende Erstarrung und Selbstvergiftung die Verstimmung, und ein Teufelskreis entsteht.*

Nach dieser Definition ist eine Fieberreaktion im Zuge der Auseinandersetzung mit einem Grippevirus nicht zwingend eine Krankheit, sondern eine gesunde Reaktion des Neuausrichtens und Wiedereinschwingens auf die heilenden Informationen des Feldes der Gesundheit.

- *Therapie beinhaltet das Aufzeigen eines Weges hin zur Fähigkeit, wieder in stabilen Kontakt zu dem Feld der Gesundheit zu gelangen; die Blockaden und Zentralkonflikte zu erlösen; Schlacken und Gifte in ausreichendem Maße auszuleiten und für die Zufuhr entsprechend licht- und ordnungsreicher Information zu sorgen.*
- *Heilung verstehe ich als den selbstgesteuerten Regenerationsprozess, der immer dann beginnt, wenn sich*

17 Eine hervorragende und konstruktive Anlaufstelle für diesbezügliche Infos finden Sie im Internet unter der Adresse www.buergerwelle.de.

das lebendige System wieder auf das Feld der Gesundheit einschwingen kann, ausreichende Möglichkeiten zur Entgiftung findet und zugleich einen ausreichenden Input an licht- und ordnungsreicher Nahrung erhält. Heilung findet im verstimmten Organismus statt, und der Therapeut ist der Begleiter auf dem Weg zur Gesundung – er heilt aber nicht.

Quarzkristalle: Heilungshelfer für das dritte Jahrtausend

Nun zur Praxis. Zur Anwendung der Feldfrequenzen benötigen wir ein geeignetes Träger- und Sendemedium, mit dem wir zu applizierende Frequenzen auch über einen längeren Zeitraum übertragen können. Geradezu ideal dafür sind meiner Erfahrung nach Quarzkristalle – aus Gründen, die ich im Folgenden darstelle.

Chemisch betrachtet bestehen diese Steine schlicht aus einer besonderen Anordnung von Siliziumdioxid-Molekülen, kurz als SiO_2 bezeichnet. Siliziumdioxid – kurz Quarz – ist die häufigste Verbindung in der Erdkruste mit einem geschätzten Anteil von 80 Prozent.

Ihre Besonderheit ist, dass ihr Kristallgitter – insbesondere bei einem glasklaren Bergkristall – aus einem einzigen Makromolekül gebildet wird, weil die zwei Sauerstoffatome und das eine Siliziumatom, welche die Formel SiO_2 bilden, schlicht nur eine Summenformel darstellen und sich in Wirklichkeit räumliche Tetraeder-Anordnungen aus einem Silizium- und vier Sauerstoffatomen miteinander spiralförmig verketten.

In einem klaren Bergkristall verbinden sich die SiO_2–Gruppen nur noch mit sich selbst, so dass riesige dreidimensionale Strukturen heranwachsen, ein einziges Riesenmolekül, ein einziger spiralförmiger Informationsspeicher.

Solche Quarze werden in der Technologie unserer Zeit wegen ihres piezoelektrischen Effekts benötigt: Klare Quarzkristalle dienen wegen dieses piezoelektrischen Effekts in der Hochfrequenztechnik als Schwingquarze zur Stabilisierung der Sendefrequenzen von Rundfunkstationen, im drahtlosen Funkverkehr, in der Elektroakustik zur Erzeugung von Ultraschall oder zur Steuerung von elektrischen Schwingungen in Quarzuhren.

Allerdings zeigen nur klare, chemisch reine Einkristalle die Eigenschaft der Piezoelektrizität. Da der natürliche Quarz fast immer verunreinigt vorkommt, werden Quarzkristalle künstlich hergestellt.

Hierbei imitiert man die geologische Entstehung von Quarz nach dem Hydrothermal-Prinzip: Überhitztes Wasser von 400 Grad und 800 bar Druck löst pulverisierten Naturquarz unter Kieselsäurebildung auf. Die so erhaltene gesättigte Lösung steigt auf Grund der Konvektion in den oberen Geräteteil, in dem eine etwas geringere Temperatur (380 Grad) herrscht und wo feine Quarz-Impfkristalle aufgehängt sind. Aus dieser übersättigten Lösung scheidet sich reiner Quarz in Einkristallen ab. Die abgekühlte Lösung sinkt wieder in den heißeren Bereich ab, nimmt erneut Kieselsäure auf (und so weiter). Bei einer Wachstumszeit von ein bis zwei Monaten erhält man auf diese Weise Kristalle von 0,5 bis 1 Kilogramm Gewicht. Die Weltjahresproduktion geht mittlerweile in die Millionen Tonnen.

Für unsere Arbeiten verwenden wir primär natürliche Quarze; wir benötigen neben dem Piezoeffekt die Eigenschaft der Quarze, Information zu speichern und zu senden.

Niemand weiß genau, wie alt diese prachtvollen Quarzkristalle eigentlich sind, die unser Planet in den letzten Jahren in großen Stückzahlen freigibt. Derzeit »finden« wir auffallend viele Amethyste, und Großhändler rund um die Welt philosophieren zunehmend darüber, ob das eigentlich Zufall ist oder ob eine höhere Ordnung, geboren aus einem irdischen Bewusstseinsfeld, dahintersteht.

Mit ihrem Härtegrad von 7 gehören die Quarzkristalle zu den sehr harten und stabilen Kristallen, und ob sie nun 1 000 000 Jahre Entwicklungsgeschichte in sich bergen oder nur 500 000 Jahre, wer mag es genau festlegen? Die C14-Methode zur Datierung führt bei Quarzen nicht weiter, denn diese kann lediglich das Alter von organischem Material bestimmen.

In vielen Kulturen der Welt gelten Quarzkristalle seit alters, allen voran der Bergkristall, als Heil-, Zauber- und Weissagungsstein. Man glaubte, dass er Geister und Dämonen vertreiben könne. Er ist der universelle »Kraftstein« und Energiespender und soll vor vielfältigen Krankheiten schützen; er gilt als Stein der Götter und ist in vielen traditionellen Kulturen eine Quelle heilender Energien.

So sprechen ihm die Berberfrauen in den Dörfern des Hohen Atlas große Mengen Segen spendender *Baraka* (Lebenskraft) zu, ein Auflegen von Kristallspitzen gilt als eines der bewährten volkstümlichen Heil- und Hilfsmittel bei Kinderlosigkeit (Appelt 1990).

Viele Geschichten ranken sich um den Bergkristall, der selbst in unseren Landen zu den populärsten Kristalltypen gehört. Die Griechen nannten ihn *krystal los,* was so viel wie »klares Eis« bedeutet. Sie glaubten, dass er aus Eis wäre, das bei so extremer Kälte erstarrt sei, dass selbst die Strahlen der Sonne es nicht wieder schmelzen könnten.

Die Archäologen schätzen, dass Quarzkristalle seit mindestens 15 000 Jahren Begleiter der Menschen sind und von diesen bearbeitet und geformt wurden. Für Aufsehen sorgen bis heute die sogenannten *Crystal Skulls,* jene aus Bergkristall gearbeiteten Menschenschädel, die nach ihren Fundorten bevorzugt den Mayas zugeschrieben werden.

Das bekannteste Exemplar wurde 1927 von Ann-Mitchell Hedges in einer Maya-Tempelanlage gefunden und wiegt 5,3 Kilogramm. Bis heute ist nicht klar, wie es möglich gewesen ist, solch ein sauber geschliffenes Exemplar überhaupt herzustellen; selbst mit modernster Technik würde es viele Jahre brauchen, um ein derartig hochwertig verarbeitetes Exemplar herzustellen. Der Restaurator Frank Dorland erforschte in Kooperation mit dem Computer-Unternehmen Hewlett Packard in den siebziger Jahren die Besonderheiten des Hedges-Schädels.

Man gelangte nach vielen Analysen zu der Überzeugung, dass ein »primitives« Volk wie die Mayas mindestens 300 Jahre Arbeit hätte investieren müssen, um solch ein Exemplar zu erstellen. Mitchell-Hedges datierte sein Alter auf 3600 Jahre. Die »optischen Besonderheiten« – so lenkt der Stein von unten aufgenommenes Licht in die Augenhöhlen, und er lenkt seitlich aufgenommenes Licht zu der Stelle des Dritten Auges – und das eindeutig und von vielen Menschen diagnostizierte Eigenleuchten des Kristallschädels geben schlicht Rätsel auf (Dorland 1992).

Wenn wir heute von diesen wunderbaren Quarzkristallen sprechen, die wir überall kaufen können, so ist uns kaum noch bewusst, welchen Wert sie einst besessen haben, nicht zuletzt, weil sie in früherer Zeit so selten waren. Für einen faustgroßen Amethyst hätte man ein Königreich gebraucht, um diesen zu bezahlen. So wurden denn auch in vielen kostbaren Kronen diese kostbaren Kristalle eingearbeitet, um den Reichtum und die Würde zur Schau zu stellen. Oftmals wurden diese Steine nach Kriterien der Größe und der Farbe zu Ornamenten und Mustern zusammengestellt, ohne zu bedenken, welch seltsame Wirkungen solch eine Krone wohl auf das gekrönte Haupt haben würde. Die in der berühmten Karlskrone verarbeiteten Amethyste sind allerdings auch nach modernsten Forschungserkenntnissen durchaus sinnvoll im Kopfbereich platziert.

Seien Sie sich des Wertes dieser Kristalle bewusst. Sie mögen einen Stein in der Hand halten, der mit seiner Geschichte möglicherweise weiter zurückreicht als die Erfahrungshorizonte der gesamten

Menschheit. Seit einer Million Jahren oder mehr hat solch ein Kristall die Informationsfelder der Welt in sich aufgenommen und in seinem hexagonalen Gebäude verdichtet.[18]

Die Eigenschaft von Quarzkristallen, selbst gedankliche Informationen zu speichern, kann jeder interessierte Mensch überprüfen. Alles, was Sie dazu benötigen, sind zum Beispiel ein klarer Bergkristall, ein paar gute Freunde sowie eine ruhige Umgebung. Eine beliebte »Studentenübung« dazu ist jene:

> *Der Bergkristall wird auf einen Tisch gestellt, und eine Gruppe von Menschen sitzt um den Tisch und stellt sich gemeinsam konzentriert ein Bild vor, sagen wir ein strahlend blaues Dreieck. Dieses strahlend blaue Dreieck visualisiert die Gruppe in den Kristall hinein. Tipp: Stellen Sie sich dazu vor, dass Sie mit Ihren Gedanken dieses Bild tief in den Kristall hineinstrahlen.*
> *Reicht man diesen Kristall an andere Menschen weiter mit dem Auftrag, herauszufinden, welches »Bild« im Stein abgespeichert ist, so ist die Trefferquote in der Regel und bei intersubjektiver Stabilität erstaunlich hoch.[19] Der Kniff dabei: Versuchen Sie das »Bild«, das der Sender einprogrammiert hat, aus der Tiefe des Kristalls geistig abzurufen.*

Meine so einfache wie folgenreiche Erklärung dazu lautet: Quarze speichern Gedanken- und Bildinformationen, kurzum: Sie sind natürliche, edle Speichergebäude, die mit unseren Informationsfeldern interagieren können. Naturwissenschaftliche Konzepte tun sich schwer damit, diese Effekte zu erklären. Die moderne Physik findet noch am ehesten Zugang zu diesen Phänomenen dergestalt, dass sie die Kristalle als elektromagnetische Interfaces zwischen Bewusstsein und universalen Wissensfeldern jenseits der materiellen Welt von Zeit und Raum zu erklären versucht.

18 Beim hexagonalen Kristallsystem liegen drei der vier Achsen in einer Ebene, sind gleich lang und schneiden einander in einem Winkel von 120 Grad. Die vierte Achse steht senkrecht zu diesen. Der Unterschied zwischen dem hexagonalen und dem trigonalen Kristallsystem liegt darin, dass die Symmetrieachse beim hexagonalen sechszählig, beim trigonalen dreizählig ist. Vergleiche auch www.mineralogie-erleben.de/jpg/ubersicht.jpg.

19 Hierzu wurden im Rahmen der medizinischen Ethnologie an der Kölner Universität in den achtziger Jahren viele private Experimentreihen durchgeführt.

Das Faszinierende an diesen Zusammenhängen ist, dass wir die Speichereigenschaften der Quarzkristalle bestens dazu nutzen können, zur Therapie notwendige Frequenzwerte des Feldes der Gesundheit einzuspeichern.

Des Weiteren bergen Quarze weitere wichtige Qualitäten in sich:

1. Formbezogene Resonanzverwandtschaft zur DNA

Die Kristalle sind spiralförmig gewachsen, und die von einem Quarzkristall ausgehenden Informationsfelder strahlen spiralförmig aufsteigend in den umgebenden Raum aus. Ebenso spiralförmig ist unsere Erbinformation aufgebaut, so dass sich die Systeme der Kristalle und der DNS in formbezogenener Resonanz befinden. Dieser Zusammenhang ergibt sich aus der modernen Skalarwellenforschung.

Meines Erachtens findet sich hier die Erklärung, weswegen Quarzkristalle so tiefgreifend mit lebendigen Wesen kommunizieren können: Sie können mit geradezu frappierender Leichtigkeit Resonanzeffekte bis in die Tiefe der DNS auslösen. Und genau dort, in den Tiefen der biologischen Systeme wirken die Felder der Gesundheit mit hoher Effektivität auf der stofflichen Ebene.

2. Speicherpotenzial für Information mit integrierter Plausibilitätskontrolle

Ein weiterer Faktor liegt in der bereits angedeuteten Speicherfähigkeit begründet. Quarze können bestens Frequenzen und selbst komplexe Muster von elektromagnetischen Informationen dauerhaft speichern und wieder abrufbar machen.

Ist es nicht so: Genau besehen leben wir nicht im Informationszeitalter, sondern im Zeitalter der Quarzkristalle: Kein Handy, keine Quarzuhr, kein Computer, kein Internet, kein Geldautomat wäre denkbar ohne diese besonderen Eigenschaften der Quarzkristalle. Sie takten, synchronisieren, speichern und spucken Informationen aus.

Auch eine geistige Informierung ist, wie wir gesehen haben, möglich. Frank Dorland stellte in akribischen Arbeiten fest, dass die Quarze nicht nur die beabsichtigte Information speichern, also beispielsweise ein blaues Dreieck oder eine große Sonnenblumenblüte, sondern auch eine weitere Qualität, die Absicht des Informierenden nämlich (1992).

Weiter machte ich die Erfahrung, dass es nicht »funktioniert«, wenn ein Mensch einen Kristall geistig darauf programmiert, tiefe Ruhe und Frieden zu induzieren, seine tieferen Beweggründe aber von ganz anderen Mustern dominiert werden. In solch einem Fall empfindet das empfangende Bewusstsein das im Quarzkristall gespeicherte

Informationsmuster als nicht plausibel und lehnt die Aufnahme und Umsetzung ab.[20]

3. Medikamente der Zukunft mit dynamischer Dosierung

Meines Erachtens sind Quarze programmierbare Medikamente, sie verkörpern eine ganz neue Generation von Heilprodukten. Wir können ihr Potenzial nutzen, im Gesundheitsfeld eines Organismus ausgefallene Frequenzwerte zu speichern und abzugeben.

Der große Vorteil bei der Verwendung von Quarzkristallen ist deren nahe Verwandtschaft mit den energetisch-informativen Strukturen in lebendigen Wesen sowie deren Eigenart, dynamisch mit ihnen zu kommunizieren. Der informierte Kristall an sich macht gar nichts. Sobald wir ihm aber mit unserer Energie der Aura, der Gedanken oder der biologischen Ebene begegnen, sendet der Kristall die eingespeicherten Frequenzen zurück, und je nach Notwendigkeit und Bedarf verwendet der Organismus diese heilenden Frequenzmuster.[21]

Stellen Sie sich Ihre Quarzuhr vor. Sofern die dazugehörige Batterie leer ist, passiert überhaupt nichts. Sofern aber eine Spannung an den Kristall gelegt wird, reagiert der Quarz und gibt den Zeitpuls für die Uhr vor. Hier beobachten wir also nichts anderes.

Die großen heiligen Quarzkristalle, die seit Jahrtausenden an Kraft- und Heilungsorten rund um den Erdball verstreut stehen, kommunizieren also nur mit Systemen, die ihnen Energie entgegenbringen, ansonsten schweigen sie.

Als das Geniale an diesem Prinzip erweist sich Folgendes: Jeder Organismus lernt – für uns nicht bewusst wahrnehmbar – über kurz oder lang mit Quarzkristallen in seinem Umfeld dynamisch zu kommunizieren, so dass er sich stets so viel Informationen holt, wie notwendig sind oder wie er gerade verarbeiten kann. Können Sie sich ein besseres Dosierungssystem für Heilinformation vorstellen?

Kristallspezialisten unterteilen die Kristalle bezüglich ihrer Spiralförmigkeit in sich neutral verhaltende sowie rechts- bzw. linksdrehende Kristalle. Dies können Sie beim Kauf überprüfen lassen. In der Radiästhesie wird die Drehungsrichtung aus der Sicht des Betrachters definiert.

Ganz allgemein hat sich folgende Regel aus meinen langen Erfahrungszyklen ergeben: Rechtsdrehende Kristalle wirken strukturbil-

20 Siehe Fußnote 19.

21 Diese Umstände und deren Entdeckung beschreiben Chris Morton und Ceri L. Thomas ausgiebig, auch unter Bezugnahme auf Frank Dorland und die Forschungen von Hewlett Packard im Buch »Tränen der Götter«, Augsburg 2000.

dend, stoffwechselanregend, während linksdrehende Kristalle ausleitend, schmerzauflösend, entladend und entgiftend wirken. Neutral sich verhaltende Kristalle geben reine Energie und fördern unser inneres Potenzial zu Tage.

In der Arbeit mit den Powerkristallen haben wir diesbezüglich keinen wesentlichen Effektunterschied beobachten können, möglicherweise dominiert der Effekt der Frequenzübertragung in die Felder der Gesundheit.

Übung zur Aktivierung der eigenen kristallinen Struktur

Sie können Ihren Kontakt zu den Kristallen enorm erhöhen, wenn Sie darangehen, in Ruhe und Muße Ihre eigene kristalline Struktur zu erschließen und zu aktivieren. Hierzu eine praktische Übung.

Vorbereitung: Sorgen Sie dafür, dass Sie innerhalb der nächsten Stunde ungestört sind. Stellen Sie Klingel, Telefon oder andere Störenfriede für diese Zeit kurzerhand ab! Schalten Sie Mobiltelefone, Bildschirme und andere Strahlenquellen aus. Legen oder setzen Sie sich bequem hin, und sorgen Sie für eine Decke, wenn Sie gewöhnlich bei solchen Übungen zu sehr auskühlen. In der folgenden kleinen Übung arbeiten wir mit der Kraft der Imagination unter Verwendung archetypischer Bilder. Haben Sie einen schönen Quarzkristall, so stellen Sie

Hier sind Sie absolut sicher und geborgen.

ihn vor sich hin, oder nehmen Sie ihn in die Hand, legen Sie ihn alternativ auf die Brust. Nehmen Sie Kontakt mit dem Kristall auf.

Konzentrieren Sie sich auf Ihren Atem. Spüren Sie eine Weile in Ruhe dem Kommen und Gehen des Atems nach, dem Ursymbol der lebendigen Welt. Mit jedem Einatmen fließt mehr und tiefere Ruhe und Stille in Sie hinein, mit jedem Ausatmen verlässt Sie die Hektik und der Aufruhr des Alltags. Sie werden immer ruhiger und stiller.

Richten Sie Ihre innere Aufmerksamkeit auf eine wunderschöne Berg-und-Tal-Landschaft, die in warmes Sonnenlicht getaucht ist; klare Luft umgibt Sie, ein würziger Kräuterduft weht mit einem sanften Sommerwind um Ihre Nase.

Ein Ort des uneingeschränkten Wohlgefühls, umgeben von imposanten Bergen, die ihre Gipfel in den strahlend blauen Himmel recken und im klaren Licht der Sonne seltsam nah wirken, obgleich sie doch weit entfernt sind.

Wandeln Sie durch die Talwiese zu dem Bergfluss, der von weither in schwungvollen Bögen durch die Wiese geplätschert kommt; schauen Sie sein sanftes blaues Wasser an, lauschen Sie seinem geschäftigen Treiben. Stellen Sie sich vor, wie dieses Wasser von den Höhen der Gipfel, geboren aus frischem Tauwasser über viele Windungen und Abgründe, vorbei an leuchtenden und lichtdurchfluteten Bergkristallspitzen, die sowohl das Blau des klaren und frischen Himmels als auch das strahlende Goldgelb des Sonnenlichts, das Violett der Morgendämmerung, das Rotorange des Abendhimmels und das kühle Hell des Mondes in sich bergen und dem vorbeieilenden und weiter in die Tiefe perlenden Wasser mitgeben.

Spüren Sie die Lust an diesem warmen Tag, mit Ihren Füßen diesen Fluss zu durchwaten, und folgen Sie diesen Impulsen. Entkleiden Sie sich behutsam, und tauchen Sie in das frische lebendige Wasser ein.

Spüren Sie, wie Sie das kühle sanfte Wasser umperlt. Hier im sommerlichen Tal finden Sie eine sanfte Strömung im flachen Wasser vor. Sie können sicher stehen und einige Schritte auf den abgerundeten Steinen machen.

Spüren Sie, wie diese kristalline Frische des Wassers auf Ihre Körperflüssigkeiten übergeht. Spüren Sie diese Qualität, dieses feine Kribbeln. Spüren Sie, wie es durch die Fußsohlen, die Füße und die Beine aufzusteigen beginnt. Spüren Sie, wie es den Weg durch die Blutbahn nimmt und sich in Ihrem ganzen Körper verteilt, in den Beinen, Oberschenkeln, im Becken, im Bauch, in der Brust. Spüren Sie, wie diese frische und strahlende Qualität in den Nacken aufsteigt, sich in die Arme und Hände ergießt und weiter in den Hals und den Kopf aufsteigt, die Kiefern-, Neben- und Stirnhöhlen durchflutet und reinigt, die Gehirnwindungen umperlt und bis zu den äußersten Haarspitzen gelangt.

Stellen Sie sich vor, dass in dem wunderbaren Bergfluss unendlich viele kleine strahlende Kristallkörperchen ihren Weg ins Tal finden. Spüren Sie, wie mit jedem Moment diese Kristallkörperchen Ihrem Körpersystem bewusst werden. Spüren Sie, wie sich diese Kristalle ausrichten und zu wundervollen geordneten Mustern, zu Spiralformen, ausrichten, die Ihren Körper dynamisch und federnd stützen.

Bemerken Sie, wie diese Kristalle ihre Energien der Frische und der vielfarbigen Lebenskraft an alle Zellen abgeben. Welche Farbe erscheint Ihnen vorherrschend?
Ihr Körper beginnt zunehmend aufzuleuchten und eins zu werden mit dem Fluss. Bleiben Sie so lange in diesem Gewässer, bis Sie sicher sind, dass in Ihrem Körper eine völlig neue Ordnung aufgebaut und stabilisiert ist.

Wenn Sie es für richtig befinden, dann gehen Sie wieder auf die Wiese, kleiden sich wieder an und schauen Sie noch eine Weile in das wunderbare Tal hinein.

Kommen Sie dann langsam und in selbstbestimmtem Tempo wieder in Ihren Körper zurück. Spüren Sie bewusst den Atem. Spüren Sie wieder den Körper. Recken und strecken Sie sich. Kehren Sie in Ihre Alltagswelt zurück.

Noch während Sie entspannt liegen und sich spüren, programmieren Sie Ihre kristalline Struktur mit Ihrem ganz persönlichen Satz, beispielsweise:

Ich programmiere meine kristalline Struktur, alle Giftstoffe aus meinem Körper auszuscheiden. Ich programmiere meine kristalline Struktur, rund um die Uhr kraftvolle frische Energien in alle meine Zellen zu bringen, den Sauerstoffgehalt und den pH-Wert meines biologischen Systems zu optimieren.

Amethyst-Powerkristall (Sammlung Christian Appelt).

Beenden Sie diese Übung. Nach einer Weile, gegebenenfalls nach mehrfacher Wiederholung dieser Übung werden Sie spüren, dass Sie Kontakt zu den Feldern der Kristalle aufgenommen haben und eine neue Art der Wahrnehmung in Ihnen wach wird.

Möglicherweise werden Sie langsam gewahr, dass die Quarzkristalle mit der lebendigen Welt und mit sensibilisierten Menschen kommunizieren. Der Quarzkristall-Experte Wolfgang Hahl erhielt aus der geistigen Welt auf diese Weise den Auftrag, auf der Schwäbischen Alb einen großen Quarzkristall-Kreis aufzubauen und von diesem Punkt aus weitere Kreise zu projektieren (Hahl 2000).

Heilarbeit mit den Powerkristallen

Nach diesen einführenden Darstellungen kommen wir zur angewandten Therapiearbeit mit dem Feld der Gesundheit und den Powerkristallen. Fassen wir noch einmal zusammen, was wir kennengelernt haben:

- *Biologische Gesundheit ist untrennbar verwoben mit Gesundheit vermittelnden Informationsfeldern, die das Feld der Gesundheit bilden. Diese liegen in den Urtönen begründet.*
- *Die Kommunikationsschnittstelle auf der materiellen Ebene ist die DNS.*
- *Durch Wiederherstellung der Resonanzfähigkeit und nachfolgendes Wiedereinschwingen des biologischen Systems auf die gesunden Informationsfelder können wir Verstimmungen, Konflikte auflösen und heilen.*
- *Hilfreiche Gegenstände für die heilerische Arbeit finden wir in Gestalt der hochwertigen Quarzkristalle, die wir »programmieren« können und die mit dem Klienten einerseits und den Feldern der Gesundheit andererseits dynamisch kommunizieren können: die Powerkristalle.*

Können diese Arbeiten nur von Spezialisten durchgeführt werden? Die Antwort ist ein klares Nein. Prinzipiell ist für uns alle der Zugang zu den Feldern der Gesundheit möglich, und selbst mit recht einfachen Mitteln können wir erste und darauf aufbauende Erfahrungen sammeln. Neben den Tabellen und Tafeln, die diesem Buch beiliegen, benötigen wir noch einiges Handwerkszeug, das wir uns in den kommenden Kapiteln aneignen wollen. Dabei geht es im Einzelnen um:

- *das Erlernen einer Testmethode, um zu ermitteln, welche Feldbereiche gestört sind, welche Frequenzen benötigt werden, ob die Anordnung von Maßnahmen in Ordnung ist und so fort;*
- *das Auflösen von realen Testblockaden;*
- *das Abfragen und Herausarbeiten der gestörten systemischen Feldebenen;*

- *das Abfragen und Herausarbeiten der zur Therapie benötigten Frequenzen;*
- *das Informieren der Quarzkristalle; die Transformation zum Powerkristall;*
- *das Austesten flankierender Maßnahmen mittels Powerkristall-Essenzen;*
- *sowie Bemerkungen zum energetischen Selbstschutz bei solchen Test- und Therapiearbeiten.*

Dabei haben wir gleich zu Beginn das kommunikative »Problem«, dass wir einem Klienten oder gar einem Wohnraum, einem Garten oder einem Biotop nicht einfach die klar sprachliche Frage stellen können, auf welcher Ebene seine Anbindung an das Gesundheitsfeld gestört ist. Ebenso wenig werden wir klar sprachliche Antworten erhalten.

Trotzdem können wir uns einfacher Testmethoden bedienen, um auf solche Fragen klare Antworten zu bekommen, denn die Antworten lassen sich durch klar sprachliches Abfragen finden. Richtige Antworten finden sich durch entstehende Resonanzen und lassen sich mit verschiedensten Methoden feststellen. Wir beschäftigen uns dazu mit der Einhandrute und der Kinesiologie.

Austestung mit dem Pendel oder mit der Einhandrute

> *»Beobachte dich selbst, und mach dir deine eigenen Gedanken!«*
> Anton Tschechow

Man kann sich zum einen eines Pendels oder einer Bioantenne, auch Einhandrute oder Biotensor genannt, bedienen. Längst sind diese Werkzeuge aus dem Dunstkreis ominöser Esoterik herausgetreten und Standardwerkzeuge in zahlreichen Naturheilpraxen geworden – hochempfindliche Messinstrumente von unschätzbarem Wert.[22]

Sowohl Pendel als auch Einhandruten sind radiästhetische Werkzeuge, mit deren Hilfe sich Fragen beantworten lassen. Sie liefern durch ihre Bewegung symbolische Ja/Nein-Antworten auf klar gestellte Fragen zu einer energetischen Beziehung. So kann ich meine

22 Vgl. Ansha, Geomantie – Die Kraft der Erde, München 2002. Buch mit Tropfenpendel.

Hand über eine Zitrone halten und fragen, ob diese Zitrone gut für mich und meine Gesundheit ist. Pendel oder Einhandrute werden dann eine entsprechende Antwort – das heißt eine Ja/Nein-Bewegung – liefern. Aber woran denken Sie bei der Frage exakt? Denken Sie an den Zitronensaft, an das Zitronenfruchtfleisch, an die Kerne, an die Schale?

Seien Sie sich klar, wonach Sie fragen. Die mit Konservierungsmitteln behandelte Schale der Zitrone wird Ihnen in der Regel nicht gut tun. Der vitaminreiche Saft ist für Sie möglicherweise genau richtig. Also: Seien Sie sich über Ihre Fragen und die befragten Ebenen im Klaren.

Für unsere praktische Arbeit verwenden wir vorerst die Ja/Nein-Befragung. Bei den meisten Menschen zeigt sich die Antwort »Ja« durch ein Auf-und-ab-Schwingen der Einhandrute, beim Pendel ist es in der Regel ein Vor-und-zurück-Schwingen.

Ein »Nein« wird zumeist als ein Von-rechts-nach-links-Schwingen der Rute wie des Pendels angezeigt. Woher kommen die zu beobachtenden Unterschiede? Warum schwingt die Rute bei einigen Menschen zur Beantwortung der Frage »Ja« im Uhrzeigersinn?

Ich vertrete hier die Ansicht, dass im Moment des Erlernens solcher Methoden stets eine freie Wahl möglich ist. Der Lernende wählt aus den Möglichkeiten der Bewegungsformen »seine« bevorzugte Bewegungsrichtung aus. Sollte er der inneren Überzeugung sein, dass »Ja« durch ein »Im-Uhrzeigersinn-Kreisen« dargestellt wird, so wird es sich auch so verhalten. Es gibt bei den Ja/Nein-Abfragen keine absoluten Bewegungsrichtlinien. Für die Arbeiten im Buch verwenden wir die Einhandrute.

Wie sieht es mit der »Treffsicherheit« solcher Testungen aus?

Prinzipiell halte ich diese Testmethodik für absolut geeignet und teile diese Meinung mit immer mehr Therapeuten und Ärzten. Allerdings möchte ich zugleich vor Fehlaussagen warnen, die entstehen können, wenn

- *der Tester selbst energetisch geschwächt und »schlecht dran« ist,*
- *das Thema der Abfrage für seelische Anspannung sorgt,*
- *der Tester durch irreführende Vorinformation nicht bei der Sache ist.*

Gerade der letztgenannte Punkt ist von besonderer Brisanz, wie Otto Höpfner, ein weiterer Pionier der Einhandrutenforschung, zu erzählen weiß: Bei einem »Schnelltest unter guten Freunden« testete ein selbsternannter Experte einen Kräutertee als gut verträglich aus, dem einige Körnchen Rattengift beigemischt gewesen sind. Als irreführend erwies sich die offensichtlich hingehaltene Markenverpackung des Tees. Sie sorgte dafür, dass der Tester seine Aufmerksamkeit auf genau diese Verpackung lenkte und nicht auf den Inhalt des Beutels mit Tee.

Sicheres Testen setzt ein freies, entspanntes Energiefeld voraus. Gehen Sie so unverkrampft wie möglich an die Sache heran, und Sie werden gute Ergebnisse erzielen können. In allen anderen Fällen sollten Sie sehr zurückhaltend mit Messungen sein. Ein Tipp: Testen Sie sich zuallererst selbst, ob Sie in der notwendigen guten Verfassung sind, die geforderten Austestungen durchzuführen. Seien Sie ehrlich zu sich selbst.

Wie erklärt man die Tatsache, dass man mittels radiästhetischer Methodik Fragen stellen und Antworten erhalten kann, über deren Wissen wir gar nicht verfügen?

Dieser Umstand hängt meines Erachtens damit zusammen, dass sich jeder Mensch mittels seiner inneren »Antennen« an das kollektive Wissensfeld der Menschheit anschließen kann. Es ist auch gemäß den Darstellungen der modernsten Physik zeitlos vorhanden und geistig abrufbar.

Aus diesem Grund ist es empfehlenswert, sich in der geistigen Vorstellung mit dem kollektiven Wissensfeld zu verbinden und um Antwort auf die gestellte Frage zu bitten. Sprechen Sie zur Einstimmung klar folgende Bitte aus:

> *Ich schließe mich jetzt an das kollektive Wissensfeld der gesamten Menschheit an. Ich bitte darum, die eindeutige Antwort auf die gestellte Frage zu bekommen.*

Diese Strategie funktioniert mit etwas Übung bestens, und Sie werden auf die klar und präzise gestellten Austestungsfragen auch ebenso eindeutige Antworten erhalten, so erstaunlich Sie es auch anfangs finden mögen.[23]

Tipps zum Kauf einer Einhandrute

Suchen Sie sich ein Gerät aus, das für Sie gut in der Hand liegt und empfindlich reagiert. Empfehlenswert ist beispielsweise eine einfache

23 Ein hervorragendes Buch zu dieser Thematik: Gernot L. Geise: Unsere Existenz – Nur ein Traum, Peiting 2002.

Einhandrute mit Holzgriff und einer aus geschliffenem Holz gearbeiteten Sonde. Wenn Sie noch nie mit einer Einhandrute gearbeitet haben und sich für dieses Gerät sensibilisieren möchten, empfiehlt es sich, Kurse zu besuchen (Adressen siehe Anhang).

Der kinesiologische Muskeltest als körperorientiertes Testverfahren

Sie können auch mit dem kinesiologischen Muskeltest arbeiten. Dieser Muskeltest ist in unserem Fall eine Methode, mit Hilfe von Muskelreaktionen die Stimmigkeit eines ausgesuchten Heilmittels, einer Heilfrequenz oder einer systemischen Ebene zu ermitteln. Ob ein Heilmittel oder eine Heilfrequenz eine stärkende oder schwächende Wirkung hat, zeigt sich sofort im Muskeltonus. Am bekanntesten ist der kinesiologische Test am Arm.

Wenn Sie diese Art der Testung durchführen, stellen Sie sich gegenüber die zu testende Person – im Abstand von etwa dreißig bis fünfzig Zentimetern. Der Klient streckt den linken Arm horizontal zur Seite hin aus. Der Therapeut drückt mit seiner rechten Hand den Arm des Klienten in Höhe des Handgelenks zur Austestung nach unten. Hier zeigt sich dann der Unterschied. Wird die gestellte Frage vom Klienten bejaht, so hat er mehr Kraft im Arm als bei einer Verneinung; diesen Unterschied spüren sowohl Therapeut als auch Klient körperlich in aller Deutlichkeit.

Die Fragen lauten beispielsweise:

- *Ist es möglich, hier und jetzt gemeinsam zusammen zu arbeiten?*
  Bitte halten!
- *Ist die Frequenz des Erdentags von Heil für Sie?*
  Bitte halten!

Nun übt der Therapeut einen leichten und stetig ansteigenden Druck für etwa zwei bis drei Sekunden auf den ausgestreckten Arm des Klienten aus. Wichtig ist hierbei, dass der Therapeut nur so viel Druck ausübt, wie notwendig ist, um eine eindeutige Antwort festzustellen.

Ebenso wichtig ist, dass der Therapeut bei kritischen Fragen den Klienten einmal mit geöffneten und einmal mit geschlossenen Augen eine kinesiologische Antwort geben lässt. Oft wird der Therapeut Unterschiede zwischen der bewussten und der unbewussten Ebene feststellen.[24] Eine solche Widersprüchlichkeit zeigt, dass es unbewusste Einstellungen gibt, welche die bewusst gegebene Antwort und bewusst in Angriff genommene Handlungen immer wieder durchkreuzen.

Wenn Sie die kinesiologische Testmethode genauer erlernen möchten, sollten Sie Seminare aus dem Bereich der Psycho-Kinesiologie besuchen (vgl. auch Klinghardt 2003). Mit diesem diagnostischen Rüstzeug im Gepäck können Sie die weiteren Arbeiten durchführen. Lernen Sie, stets Ihrer Intuition zu vertrauen. Wenn Sie mehrfach die Übung zur Aktivierung Ihrer kristallinen Struktur durchgearbeitet haben (vgl. Seite 44), wird sich Ihre Intuition von ganz alleine entfalten. Seien Sie sich dabei der Besonderheit Ihrer Arbeit bewusst. Wir arbeiten an den Geweben der lebendigen Welt, wir verstehen längst nicht alle Dimensionen unseres Handelns in vollem Ausmaß. Überprüfen Sie stets, ob und wie mit den Feldern und Frequenzen der Gesundheit gearbeitet werden darf.

Für die in diesem Buch aufgezeigten weiteren Vorgehensweisen setze ich voraus, dass Sie über ausreichende Kenntnisse in einer der beschriebenen Testmethoden verfügen.

Wählen Sie eine Methode Ihrer Wahl. Nicht unerheblich ist auch, inwieweit Ihre Klienten der einen oder anderen Methode Vertrauen schenken können. Manche bodenständigen Mitmenschen halten die Arbeit mit der Einhandrute für unglaubwürdig. Oftmals fahren wir besser mit dem kinesiologischen Armtest. In der Regel sind Klienten, die diese Art der Testung zum ersten Mal erleben, sehr erstaunt und lassen sich schnell davon überzeugen, dass sie es selbst sind, die mit ihrer Körperreaktion das Testergebnis liefern.

Spreche ich also auf den Folgeseiten von Austesten, so meine ich damit, dass Sie den entsprechenden Sachverhalt mittels Einhandruten- oder kinesiologischer Befragung auf sein Zutreffen oder Nichtzutreffen hin untersuchen.

Die Verfügbarkeit der Urtonfrequenzen in der Praxis

»Im Grunde gibt es zwei kosmische Wahrheiten: Klang und Nicht-Klang. Nun ist es aber so, dass der innere Klang durch den äußeren Klang offenbar wird. Dies ist also der Weg.«
Upanishaden

24 Nach dem Psycho-Kinesiologen Dr. Klinghardt besteht bei geöffneten Augen ein Zugriff auf die bewusste Ebene, bei geschlossenen Augen ein Zugriff auf die unbewusste Ebene.

Für die Praxisarbeit benötigen Sie außerdem auf Abruf die Frequenzen der bereits besprochenen Urtöne: Zum einen finden Sie auf den Seiten 31f. eine tabellarische Auflistung der Frequenz- und Farbwerte. Diese können Sie hervorragend zum Austesten und Abfragen benutzen. Des Weiteren benötigen Sie diese Frequenzwerte auch ganz praktisch als »Zutaten«, um die Kristalle zu informieren.

In den Frühphasen des praktischen Arbeitens behalfen sich die Therapeuten zumeist mit aufwendig erstellten Farbkarten oder -folien. Bei Letzteren konnte man auf die Roscolene-Farbfolien zurückgreifen, die es für die Spektrochrom-Therapie nach Dinshah zu kaufen gibt. In Deutschland lassen sich solche Farblampen und -folien bei der Firma Planetware bestellen.[25] Auf diese Weise konnte mit den sichtbaren Hochoktavwerten des Feldes der Gesundheit mit guten Erfolgen gearbeitet werden.

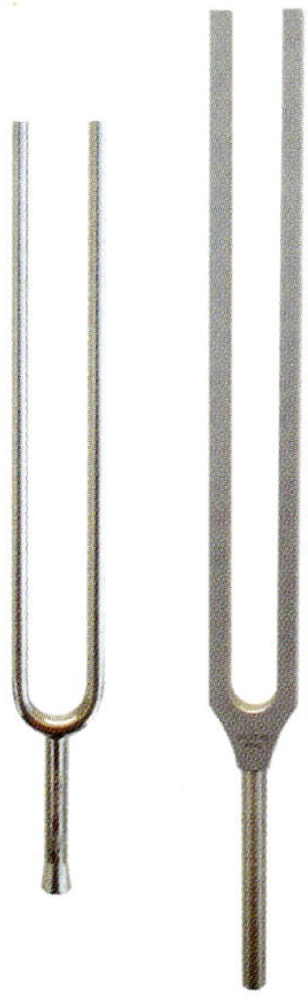

Eine zweite Möglichkeit stellt die Verwendung der sehr beliebt gewordenen und hochpräzisen medizinischen Stimmgabeln dar, die auf zwei Nachkommastellen genau auf die Frequenzwerte der Gesundheitsfelder ausgerichtet sind. Diese Stimmgabeln sind heutzutage das therapeutische Grundbesteck jedes derart arbeitenden Therapeuten, Raum- oder Landschaftsheilers – kleine Werkzeuge, die in Kombination mit den Quarzkristallen weitreichende Wirkungen haben können. Meine Erfahrung lehrt, dass die folgenden vierzehn Stimmgabeln die wichtigsten sind: *Sonne, Merkur, Venus, synodischer Mond, Erdentag, Erdenjahr, platonischen Erdenjahr, Mars, Jupiter, Uranus, Neptun, Pluto, Schumann-Resonanz und Geomagnetfeld.*

Wer aus Kostengründen eine Nummer kleiner starten möchte, dem seien die sieben Frequenzen von *Sonne, Merkur, Venus, Synodischer Mond, Erdentag, Erdenjahr, platonischem Erdenjahr* empfohlen, da sie nach allen bisherigen Praxiserfahrungen die höchste Priorität im für die Erde geltenden Feld der Gesundheit besitzen und wie gesagt mit unseren sieben Haupt-Energiezentren, den sieben Hauptchakren, korrelieren.[26]

25 Weitere Informationen unter www.planetware.de.

26 Diese sieben Stimmgabeln gibt es als Basisset (Adresse siehe Anhang).

Diese Stimmgabeln bieten uns einen hervorragenden Grundstock an Frequenzen aus dem Feld der Gesundheit im hörbaren Bereich zwischen 120 und 260 Hertz. Durch das verbindende Prinzip der Resonanz auf Oktavtöne kann eine Stimmgabel, die beispielsweise auf das Erdenjahr gestimmt ist, diesen Eckwert unseres Feldes der Gesundheit auf allen relevanten Oktavebenen repräsentieren.

Eine noch effizientere Lösung bietet sich allen Arzt- und Naturheilpraxen, die im Besitz eines ONDAMED®-Therapiesystems sind. Dieses Hochleistungsgerät kann in Verbindung mit der Steuerungssoftware im Bereich von 0,1 bis über 30 000 Hertz das gesamte Feld der Gesundheit durch die Oktaven abbilden. Auf diese Weise haben Sie dann die Möglichkeit, den Frequenzwert oktavgenau abrufen und anwenden zu können.

Das Ergebnis sind direktere und tiefer greifende Resultate, die nur von erfahrenen und entsprechend ausgebildeten Ärzten, Therapeuten und Heilern verantwortet werden dürfen.

Die therapeutischen Quarzkristalle: Tipps zum Kauf und Kurzbeschreibung

Die therapeutischen Quarzkristalle, unsere wichtigsten Helfer, sollten je nach Anwendung eine gewisse Größe haben. Es gibt den geschliffenen und polierten schönen Trommelstein für die Hosentasche oder zum Herstellen von Kristallwasser, den Anhängerkristall für eine Kette, die Kristallspitzen zum freien Aufstellen in Räumen oder Gärten.

Lassen Sie sich bei einem Kristallhändler Ihres Vertrauens inspirieren. Schauen Sie, was Ihnen gefällt. Fragen Sie nach einem guten Preis. Kristallpreise sind in der Regel Verhandlungssache. Besuchen Sie eine der großen Edelsteinmessen in München oder in Stuttgart, streifen Sie einmal durch die Hinterhöfe der großen Kristallhändlerlager in Idar-Oberstein, oder wenden Sie sich an die im Anhang beschriebenen Händler unseres Vetrauens[27].

Betrachten wir die für die Powerkristall-Arbeit wichtigsten Kristalltypen etwas genauer:

Amethyst

Sein Name ist griechischen Ursprunges, *amethystos* bedeutet im Altgriechischen »nicht betrunken«, was also auf eine der grundlegen-

27 Ich verweise an dieser Stelle auf das neue Standardwerk von Werner Kühni und Walter von Holst: Enzyklopädie der Heilsteine, AT Verlag 2003.

den Wirksamkeiten des Amethysts hinweist: Er schafft »Klarheit im Geiste«.

Das Farbspektrum reicht von sehr hellem Rosaviolett bis hin zu tiefdunklem Blauviolett, selten mit schwarzen Anteilen. Zuweilen finden sich in Amethysten faszinierende goldfarbene Einschlüsse von Citrin, diese Kristalle werden dann Ametrin genannt. In der Regel wachsen die Kristalle in sogenannten Drusen (siehe Abbildung). Diese können in seltenen Fällen hausgroß sein und dann Hunderttausende von kleineren und größeren Kristallen in sich bergen. Die violette Farbe rührt von den eingeschlossenen Eisenatomen her. Es finden sich chemisch aber auch Einschlüsse von Aluminium, Magnesium, Natrium und Lithium.

Die dem Amethyst zugesprochenen Heilwirkungen decken ein sehr weites Feld ab von starken entzündungshemmenden Eigenschaften bis hin zu klärenden, beruhigenden und das Wachbewusstsein fördernden Eigenschaften. Dem Ametrin werden noch erheblich »lichtere« Qualitäten zugeschrieben.

Für unsere Arbeit sind schöne Trommelsteine und Einzelkristallspitzen von der Größe einer Faust ideal. Für die Haus- und Raumheilung dürfen die Kristallspitzen auch gerne größer sein.

Bergkristall

Dies ist der klassische Quarzkristall, ideal für alle Arbeiten rund um die Powerkristall-Thematik. Achten Sie auf Fälschungen. So manch teure Bergkristallkugel von verführerischer Klarheit besteht aus Bleikristallglas, und so manch preiswerter Bergkristallstab wurde aus einem synthetischen Quarz geschliffen.

Die Kristalle entstehen primär in Gängen, Drusen und Klüften. Es gibt wunderbar fein geschliffene Kristallspitzen, nadelartige Kristallkomplexe, oft finden sich auch sogenannte Kristallstufen (siehe Abbildung).

Anzumerken ist hier, dass diese Quarze in sogenannten Autoklaven synthetisch unter hohen Temperaturen und hohem Druck hergestellt werden können. Die gesamten technischen Quarze für die Kommunikationselektronik sind künstlichen Ursprungs.

Die Heilwirkungen des Bergkristalls aus sich heraus sind außerordentlich komplex, deren Darstellungen könnten ein eigenes Buch füllen. Wichtig ist hier, dass – seit Urzeiten bekannt – Bergkristalle Gedanken und Erinnerungen abspeichern und über weiteste Entfernungen hinweg geistig und energetisch wirksam sein können.

Stärkung der körperlichen Abwehr, Linderung von Schmerzen und Klärung von Gedanken sind die großen Qualitäten der Bergkristalle.

Für unsere Arbeit benötigen wir wiederum Trommelsteine und Einzelkristallspitzen in klarer und trüber Ausführung. Für geistig verbindende Aufgaben empfehlen sich klare Kristallspitzen, und für die Heilung von Gewässern reichen zumeist preiswerte Rohquarze aus.

Citrin, Apricosin

Seine Farbe gab ihm den Namen nach dem lateinischen Adjektiv *citrus,* das auf seine im Idealfall zitronengelbe Farbe verweist. Manche Händler nennen Citrine mit mehr orangefarbigem Einschlag auch Apricosin. Seine gelben Farbtöne entstanden durch die Einwirkung schwach radioaktiver Strahlungen auf eingeschlossene Aluminiumspuren.

Gesundheitlich ist der Citrin ein ausgesprochen sonniger Lichtbringer, der auch eine direkte Beziehung zum Solarplexus und den damit verbundenen Organen aufweist. Ideal zur Therapie von Diabetes; er fördert die Durchblutung, macht »warm« und ist somit ideal für alle kälteempfindlichen Klienten. Er hellt die Stimmung auf, stärkt deutlich das Selbstbewusstsein und ist nach Wolfgang Hahl ein idealer Stein für schwere Zeiten.

Für unsere Arbeiten benötigen wir wiederum Trommelsteine und Kristallspitzen. Letztere können allerdings sehr kostspielige Objekte sein. Indes haben solche prachtvollen Kristallspitzen mit ihrem sonnenartigen Glanz bei einigen Klienten den entscheidenden Durchbruch in der Therapie beschert.

Wenn Sie die Gelegenheit haben, einen großen Citrin zu erwerben, dann schenken Sie dieser Kostbarkeit den gebührenden Platz in Ihrem Wohnraum. Sie bringen ein Stück »Sonne« in Ihre vier Wände.

Rosenquarz, Lavendelquarz

In dieser Kristallgruppe geben mikroskopisch kleine Titannadeln den »Ton« an. Ins Lila gehende Farbvarianten werden gerne als Lavendelquarz bezeichnet. Dieser Kristall kommt in der Natur als derbe Massen vor, insofern finden sich preisgünstige Steinbrocken, die sich für unsere Arbeiten hervorragend eignen; ebenso können wir Trommelsteine bestens gebrauchen.

Da der Trend dahin geht, große Gesteinsbrocken zu zerschlagen; Sie finden einerseits selten wirklich schöne große Exemplare, und andererseits stehen die kleinen Stücke oftmals unter Schock. Sie sollten diese Umstände austesten und müssen den Stein vor der Anwendung gegebenenfalls erst wieder aktivieren.

Rosenquarz fördert sanfte Gefühle, ist dem Herz zugeordnet, und ihm wird eine stark harmonisierende Wirkung bei der Verbesserung des Arbeitsklimas im Umfeld von Bildschirmen und Computern nachgesagt. Auch sprechen viele Therapeuten davon, dass der Rosenquarz eine heilende Wirkung auf gestörte Sexualität und Fruchtbarkeit hat. Sie sind die idealen Kristalle für die Therapie von seelischen Verletzungen, bringen Frieden und Erlösung in schwere Themen, lindern deutlich Angst und Panik und bringen eine sanfte Ruhestimmung in Wohnräume.

Achten Sie auch hier auf Fälschungen. Kräftig gefärbte Rosenquarze sind oftmals bestrahlt oder gefärbt worden. Für unsere Arbeit können wir Rohsteine, Trommelsteine und Scheiben zum Tragen an einer Kette bestens verwenden.

Rauchquarz

Dieser Vertreter der Quarze hat seinen Namen ebenso von seiner Farbe abgeleitet. Die Engländer nennen ihn *smoky quartz*. Bei seiner Entstehung sorgten radioaktive Strahlen für die Farbtönung in Verbindung mit Lithium- und Aluminiumspuren im Kristall.

Dieser Stein löst »starke Störungen« auf, entspannt, schützt vor Elektrosmog und soll Strahlenschäden lindern. Seelisch hilft er uns, ausgeglichener und klarer zu werden – stabiler in jeder Hinsicht. Es ist der Stein der Wahl bei starkem Stress und hoher allgemeiner Belastung. Er schafft Klärung und hilft, Täuschungen aufzudecken. Gute Erfolge zeigen sich bei der Linderung von Schmerzen im Gelenkbereich. Bei der Haus- und Landschaftsheilung bewirkt er eine intensive starke Entstörung selbst von sehr starken Verstimmungsthemen; löst Besetzungen auf.

Auch hier benötigen wir schöne Trommelsteine (siehe Abbildung) und Einzelkristallspitzen.

Achtung: Gerade der Rauchquarz wird oftmals gefälscht, indem Bergkristalle radioaktiv bestrahlt werden. Vermeiden Sie solche Ware unbedingt, und vertrauen Sie den Aussagen auf großen Messen nur bedingt. Gerade bei Rauchquarzen sollten Sie sich an Ihre Händler des Vertrauens halten.

Rutilquarz

Dieser wunderschöne Vertreter seiner Art ist relativ selten zu finden. Sein Name stammt von den eingebetteten Rutilnadeln, die den ansonsten klaren Bergkristall, Citrin- oder Rauchquarzkristall durchziehen.

Von Anfang an haben Untersuchungen gezeigt, dass der Rutilquarz stark entgiftende Potenziale hat und das Abfließen von Schleim, Sekret und gestauter Lymphe ermöglicht.

Rutilquarz ist geeignet, sexuelle Probleme zu lösen, die durch große Anspannung und Stauung von Energie entstehen. Insofern hilft er auch bei Bronchitis und Raucherhusten. Hier zeigt sich seine Verbundenheit zum Herzbereich, denn Rutilquarze sind ebenso kostbare Helfer bei Beklemmungen im Brustbereich, bei Asthma und anderen Erkrankungen in diesem Bereich.

Kleine Kristallspitzen und schöne Trommelsteine sind die idealen Formen für unsere Arbeit. Sollten Sie einen großen und klaren Rutilquarz erwerben, so besitzen Sie eine kostbare raumschmückende Seltenheit, die sich hervorragend zu Meditationsübungen eignet.

Die Form der Kristalle für unsere Arbeit

Vielleicht vermissen Sie bei den vorhergehenden Darstellungen viele Wirkungsaspekte, wie sie beispielsweise von Jane Ann Dow und anderen Kristalltherapeuten genannt werden. Für unsere Powerkristall-Arbeit sind diese Unterscheidungen wenig wichtig, da wir hauptsächlich die Speicherfunktion für Frequenzinformationen nutzen. Die von Natur aus vorhandenen Qualitäten, beispielsweise die starke Herzqualität des Rosenquarzes oder die sonnenhafte Natur des Citrins ergänzen dann die Potenz des Powerkristalls.

Mit Sicherheit lassen sich hier noch fruchtbare Brücken bauen. Die Powerkristall-Forschung ist eine junge Disziplin und offen für Weiterentwicklungen.

Welche Kristallformen sind optimal für unsere Arbeit? Trommelsteine empfehlen sich allgemein wegen der vielfältigen Verwendungsmöglichkeiten für nahezu alle therapeutischen Gelegenheiten, und Kristallspitzen sind ideal zur Therapie von Räumen, Orten und Biotopen.

Es gibt auch Kristallkugeln, Behandlungsstäbe, Drusen, Stufen, Ketten und Armbänder, Umhänger und eine breite Vielfalt anderer auf dem Markt erhältlicher Kristallformen. Ebenso gibt es noch weitere andere Quarzarten, angefangen bei den Skelettquarzen bis hin zum Sprossenquarz.

Meine bisherige Erfahrung zeigt, dass die genannten Quarzarten – Amethyst, Bergkristall, Citrin, Rosenquarz, Rauchquarz, Rutilquarz – bestens in der Praxisarbeit Verwendung finden. Folgende Praxishinweise sind hilfreich:

Bei der Behandlung von Menschen kommen informierte Amethyste bei sehr schweren Erkrankungen wie Krebsgeschehen nahezu immer zum Zuge, Kinder »fliegen« geradezu auf Citrine, zur Paartherapie testet zumeist der Rosenquarz, und nahezu 80 Prozent der Landschaftsheilungen erfordern Bergkristallspitzen, die restlichen 20 Prozent verteilen sich bevorzugt auf Rauchquarze. Diese Zuordnungshäufigkeiten wurden mittels Einhandruten-Testungen über die Jahre ermittelt und immer wieder in der Praxis bestätigt.

Suchen Sie sich für Ihre Arbeit eine Grundsammlung an Steinen aus, die Amethyste, Bergkristalle, Citrine und Rosenquarze verschiedener Größen umfasst.

Darunter sollte eine größere Anzahl von Bergkristall-Trommelsteinen unterschiedlicher Größen sein. Einige faustgroße Rosenquarz-

Kristallstücke, vielleicht ein paar Amethyst- und Ametrinspitzen bilden eine hervorragende Arbeitsgrundlage.

Besorgen Sie sich ein Kilogramm Halitkristalle, die Sie zur Entgiftung und Reinigung der Quarze benutzen können. Halit ist eine kristalline Form von Kochsalz, es reinigt und klärt bestens von negativen Energien, Emotionen und Besetzungen.

Des Weiteren besorgen Sie sich etwa 500 Gramm Hämatit-Trommelsteine, auch Eisenglanz genannt. Hämatitsteinchen eignen sich bestens, um die Powerkristalle energetisch zu entladen – ein Vorgang, der nach jeder Therapie stattfinden sollte.

Vorbehandlung der Kristalle

Die von Ihnen gekauften Kristalle haben mit Sicherheit eine lange und möglicherweise nicht immer nur positive Geschichte hinter sich. Sie mögen gar nicht in ihrer vollen Kraft sein und diverse negative Informationen in sich tragen.

Nehmen Sie den Kristall in die Hände, nehmen Sie Kontakt mit ihm auf. Spüren Sie ihn. Welche Empfindungen löst er in Ihnen aus? Nach dem Kauf sollten Sie die Kristalle in ein Gefäß mit Wasser legen, dem Sie eine Prise Steinsalzpulver zugesetzt haben. Dieses bekommen Sie in der Regel bei jedem Steinhändler, alternativ in jedem Bioladen oder Reformhaus. Verwenden Sie ein Gefäß, das groß genug ist, den Kristall völlig darin zu versenken. Lassen Sie die Kristalle ein bis zwei Tage in dieser Lösung ruhen, und gießen Sie danach das Salzwasser fort. Spülen Sie die Kristalle unter fließendem klarem Wasser gründlich ab. Nun sind sie entladen und auf der Informationsebene geklärt. Nach dieser Reinigung müssen die Kristalle wieder mit Energie aufgeladen werden, nicht zuletzt bedeutet Heilungsarbeit auch stets Energiezufuhr.

Generell laden sich Quarze hervorragend mit Lichtenergie auf, wobei nach weithin akzeptiertem Wissen das Licht des Vollmondes für alle Amethyst- und Ametrinkristalle angezeigt ist. Insofern können Sie kurz vor dem Vollmondtermin Ihre Amethystsammlung reinigen und zum Neuaufladen über Nacht hinaus in das Licht des Vollmondes legen.

Bergkristall, Citrin, Rauch-, Rosen- und Rutilquarz lieben das sanfte Licht der Morgensonne. Legen Sie diese Kristalle zum Aufladen also vormittags ins Sonnenlicht.

Vermeiden Sie unbedingt die Bestrahlung mit der auslaugenden Mittagssonne. Reinigen Sie stets alle zur Therapie gebrauchten Kristalle nach der Sitzung zumindest unter fließendem Wasser.

Einstiegsübung in die Praxis: der therapeutische Selbsttest

Beginnen wir unsere Heilarbeit mit den Powerkristallen mit einer umfassenden Selbstuntersuchung. Ein solcher Einstieg ist ideal, um das eigene energetische Potenzial und das methodische Umfeld kennen zu lernen und sich noch mehr für dieses Verfahren zu sensibilisieren.

Schauen Sie genau hin, welche Frequenzen der Organismus hier und heute benötigt, um in einem optimalen Austausch mit dem Feld der Gesundheit zu stehen. Der geschilderte Ablauf ist in strukturell identischer Form bei der Therapiearbeit mit Ihren Klienten anwendbar und stellt die Powerkristall-Strategie 1 dar: das Austesten und die Therapie der systemischen Ebenen.

Wir verwenden hier das häufig verwendete Konzept des Scannens der systemischen Informationsebenen auf gestörte Feldfrequenzwerte, die wir später therapeutisch mittels speziell informierter Powerkristalle ergänzen. Dieses Vorgehen erhellt die Leidensgeschichte des Klienten und ermöglicht ein gut strukturiertes Therapieren.

Powerkristall-Arbeit im Stuttgarter Geschäft von Walter von Holst.

Sorgen Sie dafür, dass Sie eine Stunde Ruhe und Zeit für sich haben. Zünden Sie, wenn Sie es mögen, eine Kerze an, stimmen Sie sich mit einer ruhigen Musik-CD auf diese Sitzung ein.[28]

28 Hervorragend geeignet sind unter vielen anderen Werken die CDs von Klaus Wiese mit Klangschalenmusik, allen voran das Album »Vision«.

Letztlich ist der Ablauf der Selbsttestung strukturell identisch mit der generellen Arbeitsabfolge zur Behandlung von Klienten.

Austestungsstrategien und Testfragen

Wenn wir mit dem Feld der Gesundheit heilen wollen, müssen wir als allererstes feststellen, ob das lebendige System zu diesem Zeitpunkt überhaupt eine diesbezügliche Arbeit zulässt beziehungsweise ob wir mit ihm im aktuellen Zeit-und-Raum-Kontext heilerisch arbeiten dürfen.

Dazu müssen wir in aller Ehrlichkeit einige Fragen stellen und beantworten. Stellen Sie diese in Anlehnung an die im Buch aufgeführten Formulierungen »klar sprachlich«.

In den folgenden Ausführungen bezeichne ich der Einfachheit halber den testenden und behandelnden Menschen als »Therapeuten« und den zu behandelnden Menschen beziehungsweise das zu behandelnde System als »Klienten«. In dieser sensibilisierenden Einstiegssitzung sind wir einmal selbst Klient und Therapeut in eigener Person.

Die geistige Kontaktaufnahme

Nehmen Sie die Einhandrute in die Hand. Verbinden Sie sich gedanklich mit dem Sie umgebenden Feld der Gesundheit. Stellen Sie sich vor, dass von jeder Zelle kleine Antennen in den Äther ausgerichtet sind, die das kosmische Gesundheitsradioprogramm direkt empfangen können.

Fragen Sie:

- *Ist es derzeit möglich, mein biologisches System entsprechend auszutesten?*

Und wenn die Antwort »Ja« lautet:

- *Ist es in Ordnung, hier und jetzt therapeutisch zu arbeiten?*

Und wenn auch diese Antwort »Ja« lautet:

- *Hat eine ärztliche Behandlung hier und jetzt eine höhere Priorität?*
- *Benötige ich dringend eine andere ärztliche und medizinische Behandlung?*

Denken Sie hierbei zum Beispiel an akute Krankheiten wie Diabetes, kardiovaskuläre Störungen und so fort, die möglicherweise für Ihre Befindlichkeitsstörungen verantwortlich sein können und dringend in ärztliche Obhut gehören. Testen Sie aus, ob es erforderlich ist, eine schulmedizinische Kontrolluntersuchung mit einzubeziehen oder dieser den Vorzug zu geben! Unsere Methoden können und dürfen derzeit auf keinen Fall den Arzt ersetzen.

Fragen Sie auch ab, ob das zu behandelnde System über die notwendigen Entgiftungsmöglichkeiten verfügt. Fragen Sie:

- *Ist eine für die erfolgreiche Therapie notwendige Entgiftung möglich?*

Ohne eine funktionierende Entgiftung des Organismus dürfen wir mit dieser Methodik und im Grunde auch mit keiner homöopathischen Methodik arbeiten. Was tun wir, wenn wir ein »Nein« erhalten? Sollten Sie Arzt oder Heilpraktiker sein, behandeln Sie zuerst die gestörte Entgiftungsproblematik.

Die Aufhebung von Test- und Therapieblockaden

Testen Sie nun aus, ob derzeit aktuelle Test- und Therapieblockaden eine Eigendiagnose verhindern. Diese können durch akute Anspannungen, Elektrosmog-Belastungen, Angst und dergleichen aufgebaut worden sein. Auf solche Blockaden sollte Ihr Augenmerk stets gerichtet sein, denn sie verfälschen – nicht aufgelöst – jedes Testergebnis.

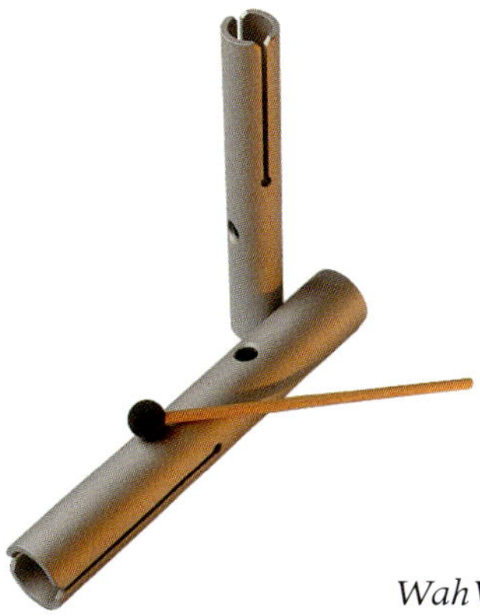

WahWah-Klangstab.

Fragen Sie:

- *Muss vor der Austestung der Feldfrequenzwerte erst eine Therapieblockade aufgelöst werden?*

Der Psycho-Kinesiologe Dietrich Klinghardt wies schon frühzeitig darauf hin, dass bei Erkrankten eine regelrechte Testblockade vorliegen kann, die aber vorübergehend aufhebbar ist durch die Anwendung der Meisterfrequenz unserer Erde, durch Anwenden des platonischen Erdenjahres.

Ich kann diese Erkenntnis nicht nur im Einklang mit einer Vielzahl anderer Therapeuten bestätigen. Vielmehr lassen sich diese Erkenntnisse auch auf andere lebendige Systeme, selbst auf Gärten übertragen. Wie gehen wir praktisch vor?

Wir verwenden dazu entweder die Stimmgabel des platonischen Erdenjahres mit 172,06 Hertz oder neuerdings einen sogenannten WahWah-Klangstab, der exakt auf das platonische Jahr gestimmt wurde, in diesem Fall auf 344,1 Hertz.[29] Diese Klangröhren lassen einen wunderbar weichen und klaren Klang ertönen, wenn man sie anschlägt. Mittels eines Abdeckens des flötenähnlichen Lochs im unteren Griffteil lassen sich stimmungsvolle Klangmodulationen, die Wah-Wah-Effekte, erzeugen.

Bei Klienten wie Menschen und Tieren reicht es in der Regel, wenn man dreißig Sekunden mit der angeschlagenen Röhre um den Körper des Klienten herumgeht. Bei der Therapie von Gärten habe ich herausgefunden, dass ich das Areal mit der Klangröhre durchschreite, bis ich mit der Einhandrute bestätigen kann, dass eine weitere Testung möglich ist.

Eine oft gemachte Beobachtung dabei ist jene: Das erfolgreiche Auflösen der Therapieblockade zeigt sich darin, dass der angespielte Klang regelrecht zu leuchten beginnt, er hört sich strahlender an und zeigt damit, dass nun Therapeut und lebendiges System miteinander verbunden durch das Feld der Gesundheit in Resonanz stehen.

Besitzer der klinischen Stimmgabeln können jene auf das platonische Jahr gestimmte Stimmgabel anschlagen und nahe über den Kopf und die Schulter des Klienten bewegen.[30] Sollte also die Antwort auf obige Frage auf eine Therapieblockade hinweisen, so schlagen Sie entweder die Stimmgabel des platonischen Erdenjahres an und führen Sie diese um Ihren Kopf herum; alternativ schlagen Sie den WahWah-Klangstab an und lassen den Klang um Ihren Kopf herum kreisen. Trinken Sie dazu ein Glas frisches Wasser.

Nun sollte die Therapieblockade vorübergehend aufgehoben und ein Zeitfenster zum Austesten geschaffen worden sein.

Fragen Sie:

- *Bin ich jetzt bereit, die benötigten Feldwerte des Feldes der Gesundheit für mich zu ermitteln?*

29 Bezug über www.planetware.de.

30 Erstaunlicherweise reagieren selbst Hunde und Katzen in der Regel mit Begeisterung darauf. Katzen beginnen nach meiner Erfahrung sofort zu schnurren: Sie scheinen diese Qualität nur zu gut zu kennen.

maß zugleich ein Defizit von Werten des Erdenjahres oder des platonischen Erdenjahres aufweist. Diese Umstände verhalten sich ähnlich wie in der chinesischen Akupunkturlehre, wo Sie Überfunktionen eines Meridians durch Sedierung mittels Moxibustion ausgleichen. Bezeichnenderweise sind in einigen neuen Punkturkonzepten die Nadeln und Moxakegel durch medizinische Stimmgabeln ersetzt worden. Diese Verfahren werden Phonophorese genannt, und die Moxafunktionen werden durch Punktierung mit der Erdenjahr-Stimmgabel realisiert.

Schlagen Sie die jeweilige Stimmgabel an. Halten Sie den Fuß der klingenden Stimmgabel für etwa zwanzig Sekunden auf den Kristall. Wiederholen Sie diesen Vorgang mit jeder ausgetesteten Frequenz. Nach Abschluss der Programmierung nehmen Sie den Kristall wieder in die Hände, umschließen ihn. Sprechen Sie eine Art von Gebet, was einer geistigen abschließenden Programmierung entspricht.

Hiermit bitte ich dich, mit Leichtigkeit und Liebe deine Arbeit zu verrichten und kein lebensfeindliches Programm aufzunehmen. So sei es. So ist es.

Ihr Heilungskristall für Sie ist fertig. Sie haben ihn zu einem Powerkristall verwandelt, einem Quarzkristall mit heilenden Informationen aus dem Feld der Gesundheit. Seien Sie sich immer wieder klar, dass Ihr höheres Selbst die Antworten auf all diese Fragen weiß. Mittels der Einhandrute schalten Sie sich sozusagen online mit Ihren eigenen höheren Bewusstseinsfeldern.

Die Frequenzen im Kristall begegnen Ihnen meines Erachtens in dem Maße, wie Ihre Energien dem Kristall begegnen. Ganz langsam werden Sie die dort gespeicherten und Ihnen fehlenden Informations- und Energiemuster wieder aufnehmen. Ihre systemischen Felder werden wieder auf Gesundheit eingestimmt.

Wie können Sie merken, dass der programmierte Powerkristall »passt«?

Typischerweise empfindet der Klient, dass sich der Kristall in der Hand oder auf dem Körper aufgelegt schnell stark erwärmt, kribbelt, dass von ihm eine »Aura« ausgeht. Dies sind deutliche Anzeichen für eine optimale Resonanz. Zuweilen werden die Steine richtig »heiß«, und ein auf dem Bauch liegender Rosenquarz kann bei Erkrankungen des Magen- und Darmbereichs regelrecht die Wärmflasche überflüssig machen.

Des Weiteren beobachtet man in vielen Fällen eine deutliche Befindlichkeitsverbesserung, die innerhalb weniger Minuten eintritt.

Zuallererst erkennt der kundige Beobachter die Harmonisierungsarbeit an den Augen der Klienten, sie beginnen in vielen Fällen regelrecht zu leuchten, die Pupillengröße ändert sich. Oftmals beginnt sich die Haut leicht zu röten, und die Klienten empfinden eine wohlige Wärme in sich aufsteigen.

Was können Sie begleitend tun?

Flankierend sollten Sie in der näheren Zukunft auf Träume, spontane Eingebungen, das Verändern alltäglicher Situationen achten. Legen Sie sich ein Tagebuch zu, und notieren Sie alles, was Ihnen wesentlich erscheint. Mit beginnender Kommunikation zwischen den Feldfrequenzen des Feldes der Gesundheit und Ihnen werden erhebliche Entgiftungsvorgänge angestoßen, und das heißt für Sie: Trinken, trinken und nochmals trinken. Trinken Sie vor allem reichlich gutes vitalisiertes Wasser, mindestens zusätzlich zwei bis drei Liter pro Tag.

Anmerkungen zur Austestung der Venus-Frequenz

Sollten Sie eine Störung der galaktischen Ebene ausgetestet haben, mag es sein, dass Sie beispielsweise die Venus-Frequenz ausgetestet haben, die Testung aber nicht richtig klar zu sein schien, kein »Ja«, kein »Nein«, eher ein »Jein«. Vergegenwärtigen Sie sich, dass es mit absoluter Sicherheit noch weitere relevante Feldfrequenzen im Feld der Gesundheit gibt, deren Frequenzen wir derzeit noch nicht kennen. Denken Sie an die großen Sterne wie den Sirius, Alpha Centauri, Aldebaran, Arktur, Beteigeuze, denken Sie an die eigene Grundfrequenz unseres in sich rotierenden Milchstraßensystems. Diese Werte mögen eine primäre Rolle auf den höheren Ebenen spielen.

In der Praxis erscheinen vor allem immer wieder Werte, die im Bereich der Venus-Frequenz liegen, allerdings nicht der Venus- oder einer der Mond-Frequenzen entsprechen. Hier gibt es zukünftig noch viel zu erforschen. Diesbezüglich haben erste Austestungen ergeben, dass es sich bei dem Wert um 226,83 Hertz möglicherweise um den Sirius A handelt. Dies ist aber derzeit lediglich eine Forschungshypothese.

Gerade bei Frequenzausfällen auf der galaktischen Ebene müssen wir uns eingestehen, dass die getesteten Frequenzwerte gemäß unserer erdbezogenen Wertetabelle noch lückenhaft und zuweilen nur Näherungen sein mögen. Wenn Sie geübt genug sind, versuchen Sie neue Werte zu finden. Teilen Sie Ihre Entdeckungen mit anderen Leserinnen und Lesern über unser Kommunikationsforum im Internet.

Chakraarbeit mit den Powerkristallen

Neben der Powerkristall-Strategie 1, der Arbeit an den systemischen Ebenen, gibt es eine zweite Hauptstrategie zur Arbeit mit den sieben Hauptenergiezentren, den sieben Chakren.

Diese sieben Hauptchakren eignen sich hervorragend als Aufnahmeschnittstellen für die Informationen des Feldes der Gesundheit, wenn es darum geht, die Informationen gezielt an Ort und Stelle zu leiten. Das Konzept der sieben Chakren bietet uns dazu einen geeigneten Zugang für die Energie- und Informationstherapie mit direktem Zugang zu den körperlichen, emotionalen und mentalen Ebenen des Lebendigen, und die sieben Chakren stehen in direkter Verbindung zu den sieben Eckwerten des Feldes der Gesundheit mit der höchsten Priorität. Sie erinnern sich: Es sind die Frequenzen von *Sonne, Merkur, Venus, synodischem Mond, Erdentag, Erdenjahr, platonischem Erdenjahr.*

Wer als Therapeut die Sprache und das System der Chakren beherrscht, kann mit einer neuen Methode seine diagnostischen Einsichten bereichern und seine therapeutischen Möglichkeiten wesentlich erweitern (Banis 2003: 51). Zur effektiven Therapie sind für den Therapeuten gründliche Austestungen und sehr sorgfältiges Arbeiten notwendig. Um dies besser zu verstehen, möchte ich vorab grundlegende Zusammenhänge schildern, denn es ist von großer Wichtigkeit, sich der tiefgreifenden Bedeutung der Chakrasysteme bewusst zu sein: Die Chakren binden uns in das Feld der Gesundheit und in den Kosmos ein.

Das Wort Chakra bedeutet im Sanskrit »Rad« und verweist auf die von hellsichtigen Menschen wahrgenommene Form dieser Energiezentren: Sie sind zum einen Schnittstellen zur Verdichtung feinstofflicher Energien in den materiellen Körper, zum anderen sind sie mit wichtigen Drüsen beziehungsweise Nervenschaltstellen verbunden und stehen in direkter Beziehung zu Bewusstseinsebenen, Lebenskonflikten und Lebensphasen. Kurzum: Die Arbeit an den sieben Chakren kann folgerichtig sehr tiefe Wirkungen entfalten und blickt auf mindestens 5000 Jahre Praxiserfahrung zurück.

In der Literatur und der Praxis werden unterschiedliche Anzahlen von Chakren genannt – von bis zu 88 000 Chakren ist die Rede –, und die einen oder anderen davon werden je nach Lehrmeinung für mehr oder weniger wichtig empfunden. Entscheidend für uns ist, dass wir mit dem Powerkristall-Konzept mit den sieben Hauptchakren erfolgreich arbeiten können.

Richtig angewendet können wir auf der körperlichen Ebene erhebliche Befindlichkeitsverbesserungen durch Anregung des Stoffwechsels, der Entgiftung und der Anregung des Immunsystems erreichen. Auf der emotionalen Ebene können wir Ängste und Nervosität, Schlafstörungen und Depressionen lindern und Zug um Zug auflösen. Auf der mentalen Ebene finden sich ein erhöhtes Konzentrationsvermögen, positivere Lebenseinstellungen, geistige Klarheit und effizienteres Denken ein. Grundlegend und lange übersehen wurde die enge Verwobenheit der sieben Chakren mit den Himmelskörpern aus unserer informationsmedizinischen Perspektive.

Wie meine Untersuchungen immer wieder ergeben haben, werden die sieben Chakren von bestimmten Schlüsselfrequenzen regiert, das heißt, diese bestimmten Frequenzwerte haben eine harmonisierende und optimierende Wirkung auf das jeweilige Energiezentrum.

Die Literatur hat auf diesen Umstand seit geraumer Zeit indirekt hingewiesen, indem sie harmonisierende Farben den jeweiligen Chakren zuordnete. Mit unserem Wissen um das universale Prinzip der Oktave können wir durch Herunter-Oktavieren sehr schnell erkennen, dass wir folgende Zuordnung zu den Frequenzwerten unseres Feldes der Gesundheit treffen können:

- Das Wurzelchakra liegt im Bereich des Beckenbodens zwischen Anus und Genitalien. Es wird vom Urton des Erdentags regiert.
- Das Bauch- oder Sakralchakra liegt oberhalb der Geschlechtsorgane, in etwa auf Höhe des Kreuzbeines und ist dem Urton des synodischen Mondes zugeordnet.
- Das Solarplexus-Chakra liegt in Höhe des Übergangs von Lenden- und Brustwirbelsäule im Bereich des Magens und wird vom Urton unserer Sonne regiert.
- Das Herzchakra befindet sich auf Höhe des Herzens mittig zwischen den Brustwarzen und wird vom Urton des Erdenjahres regiert.
- Das Kehlkopf- oder Halschakra liegt ziemlich exakt auf Höhe des Kehlkopfs und wird vom Urton des Merkur regiert.
- Das Stirnchakra befindet sich über der Nasenwurzel in Höhe unseres Dritten Auges und wird vom Urton der Venus regiert.
- Das Scheitel- oder Kronenchakra befindet sich mittig im Bereich des Schädeldaches und wird vom Urton des platonischen Erdenjahres regiert.

Als Kritikpunkt wird oftmals die Zuordnung der Venus zum Stirnchakra genannt, wesentlich wegen der zugeordneten Farbe »Gelb«; auch hierarchisch will dieser Wert scheinbar nicht passen, man erwartet ein tiefes Blau. Rein rechnerisch ist der oktavgetreue

Gelbton genau die Gegenfarbe zum tiefen Blau, insofern ist ein bedenkenswerter Zusammenhang energetisch durchaus gegeben. Testen Sie es einfach aus. Sie werden sehen, dass »Gelb« ein schlüssiger Wert ist. Wir haben »Blau« zu unserer eigenen Überraschung bei sämtlichen Tests nicht bestätigt gefunden.

Besonders eindrucksvoll werden die energetischen Zusammenhänge, wenn wir uns den Lebensverlauf eines Menschen unter der Perspektive seiner Chakraentwicklung anschauen. Seit Jahrtausenden ist bekannt, dass Lebensabschnitte von unterschiedlichen Chakren regiert werden. Dabei wechseln sich die regierenden Chakren vor der Geburt in etwa im Monatswechsel und nach der Geburt in etwa im Jahreswechsel ab.

Beginnen wir mit dem Embryonalstadium

Man ist sich weitgehend einig, dass die Chakraentwicklung ab dem dritten Schwangerschaftsmonat mit dem Scheitelchakra des Embryos beginnt. Das werdende Kind beginnt aus der feinstofflichen Sphäre kommend im kleinen Leib zu landen, dominiert von den violetten Lichtströmen des platonischen Erdenjahres.

Im vierten Monat wird das Stirnchakra aktiviert, und das zugeordnete Sinneszentrum mit Ohren und Augen wird Zug um Zug aktiviert. Jetzt regiert Venus die Entwicklung.

Im fünften Monat aktiviert Merkur das Halschakra, die Kommunikation rückt in den Fokus, das Kind schärft seine Wahrnehmung von Stimmen und Geräuschen und macht sich durch Bewegungen im Bauch bemerkbar.

Der sechste Entwicklungsmonat wird vom Erdenjahr gesteuert, das Herzzentrum entwickelt sich, und die Gefühlswahrnehmungen setzen deutlich ein und schaffen die ersten Erinnerungen, die uns im irdischen Leben begleiten. Themen des »Geborgenseins« und der »Liebe« nehmen eine zentrale Position ein.

Im siebten Lebensmonat spielt die Sonne die zentrale Rolle. Das Solarplexus-Chakra wird aktiviert und Energiereserven werden aufgeladen, das Kind beginnt damit, diese Energien zu kontrollieren.

Im achten Lebensmonat regiert der Mond, das Sakralchakra wird intensiv aktiviert, die Keimdrüsen beginnen aktiv mit der Arbeit, und das Körpergefühl spielt eine zentrale Rolle.

Im neunten Monat ist es dann so weit. Mutter Erde regiert mit unserem allgegenwärtigen und kraftvoll zu hörenden Urton des Erdentags. Das Wurzelchakra wird aktiviert. Es verbindet das neue Leben mit der materiellen Welt, fährt die Wurzeln aus: Die Geburt erfolgt. Das Kind ist auf der Erde gelandet, und der Erdentag dominiert die Entwicklung über das ganze erste Lebensjahr. Hier geht es um existenzielle Aspekte wie Urvertrauen und materielles Wachstum. Mit der Geburt ist auch der nächste etwa sieben Jahre dauernde Chakrazyklus eingeläutet worden. Nun erfolgt der Wechsel in aufsteigender Reihung. Das zweite Lebensjahr wird vom Mond, das dritte von der Sonne, das vierte vom Erdenjahr und so fort dominiert.

Wichtig für den Therapeuten: die zeitliche Zuordnung der Chakraaktivität

Oftmals lassen sich diesbezüglich in der Lebensgeschichte Zuordnungen zu Krankheitsbildern finden. Beispielsweise wird berichtet, dass das Kind im Alter von vier Jahren eine schwierige Zeit erlebte, Lungenentzündung und Keuchhusten wechselten sich ab. Oder das Kind hatte zwischen dem fünften und sechsten Lebensjahr starke Halsschmerzen. Sie bemerken sofort die Zuordnung zu den dominierenden Chakren, die in ihrer Funktion deutlich behindert gewesen sind. Hieraus erhalten Sie einen Hinweis auf mögliche Heilfrequenzen aus dem Feld der Gesundheit, nämlich Erdenjahr und Merkur.

Achten Sie auf solche Zusammenhänge, wenn Sie über diese Informationen verfügen.

Nach etwa 49 Lebensjahren sind sieben Siebenerzyklen durchlaufen. Ein großer Zyklus kommt zum Abschluss, zuweilen etwas früher, manchmal etwas später. Hier werden tiefe Rückblicke auf das Leben möglich, eine wichtige Lebensphase ist abgeschlossen, und so mancher Zeitgenosse rutscht unsanft in eine Midlife-Crisis. Welche Bedürfnisse wurden missachtet? Müssen noch sexuelle Bedürfnisse ausgelebt werden? Ist es wichtig, einen tiefen Sinn im Leben zu finden, der nie beachtet wurde? Wie auch immer: Hier können Sie erkennen, welche Frequenzanbindungen gestört gewesen sind. Behalten Sie auch diese Werte im Auge.

Im Folgenden beschreibe ich die für die Powerkristall-Arbeit therapeutisch relevante Zuordnung der sieben Hauptchakren zu ihren funktionalen, organischen und seelischen Wirkungsbereichen.

Das Wurzelchakra

Es befindet sich zwischen Anus und Genitalien und ist energetisch direkt mit dem Steißbein verbunden. Es öffnet sich nach unten zur Erde hin und verbindet sich mit den Energien der physischen Welt. Hauptaufgabe ist die Manifestation irdischer feinstofflicher Energien, also pure Lebenskraft, auf der materiellen Ebene. Ein gesundes Wurzelchakra vermittelt ein starkes Urvertrauen in die eigene Existenz und eine starke Durchsetzungskraft.

Körperlich sind die Knochen, das komplette Skelett, Zähne, Nägel, das Blut, Anus, Colon und Rektum zugeordnet. Der Zellaufbau wird von der Aktivität dieses Chakras wesentlich gesteuert. Die Lebenskraft in den Beinen hängt zentral von diesem Chakra ab. Grundsätzlich steuert dieses Chakra gemeinsam mit dem zweiten Chakra die Nebennierenaktivität und damit die Produktion von Kortison sowie die Produktion der körpereigenen Stresshormone Adrenalin und Noradrenalin.

Dem Kreis der seelischen Erfahrung sind hier zentrale Fragen des Überlebens und Wachsens zugeordnet, des Urvertrauens in die Welt um uns herum und des Verwurzeltseins in der Welt – Erfahrungsqualitäten, die uns bereits in den Babyzeiten unseres Lebens nachhaltig prägen.

Störungen in diesem Energiezentrum verursachen grundlegende Ängste, übersteigerte Gier und Habsucht, übertriebenes Besitzdenken oder andererseits mangelndes Durchsetzungsvermögen und Antriebslosigkeit – das Leben erscheint als kräfteraubender Kampf. Erkrankungen betreffen den Knochenaufbau mit Symptombildern bis hin zur Osteoporose, Gelenkerkrankungen, Durchblutungs- und Gelenkstörungen in den Beinen mit Beingeschwüren, Krampfadern, Venenerkrankungen im Allgemeinen und die Dickdarmfunktion. Prostataentzündungen, Blasenentzündungen, Analkrämpfe, Scheidensenkung, Enuresis, Uterusmyome, Hämorrhoiden, Impotenz gehören ebenso wie allgemein sämtliche lebensbedrohlichen Krankheiten, die durch den Mangel an vitaler Lebenskraft entstehen, zu diesem Spektrum.

Homöopathisches Mittel: Ferrum D60, Rubimed Chavita 1.
Naturentsprechungen: Abend- und Morgenröte.
Ätherisches Öl: Nelkenöl.
Heilstein: Bergkristall, Rubin,
Erdentag-Powerkristall und -essenz.

Die primäre Steuerfrequenz des Feldes der Gesundheit ist der Erdentag mit der ihm zugeordneten Note g und der Farbe Rot sowie der Powerkristall des Erdentags.

Das Sakralchakra

Das Sakralchakra ist mit dem Kreuzbein verbunden und liegt oberhalb der Genitalien, es öffnet sich nach vorne und ist das Zentrum der schöpferischen und sexuellen Energien sowie der Lebensfreude.

Körperlich sind die Entgiftungszentren mit Niere und Blase und das gesamte Lymphsystem zugeordnet. Gemeinsam mit dem Wurzelchakra werden die Tätigkeit der Nebenniere und Produktion und

Ausschüttung der Hormone Kortison, Adrenalin und Noradrenalin gesteuert sowie die Geschlechtshormone.

Dem Kreis der seelischen Erfahrung sind die Lebenslust, das Schöpferischsein und die Liebe zu sich selbst und dem anderen zugeordnet. Konflikte kreisen wesentlich um die enge Beziehung zu unserem »Stressorgan« der Nebenniere und präsentieren sich als Hektik, Nervosität mit Folgen wie hohem Blutdruck, Reizdarm. Man ist zuweilen völlig unfähig, sich zu entspannen, und fühlt sich immer wieder komplett überfordert.

Tiefliegende Störungen verursachen einerseits sexuelle, andererseits Entgiftungsprobleme und Lymphstaus mit möglicherweise korrelierenden Hauterkrankungen. Erkrankungen des Ausscheidungsorganbereichs von der Nierenstörung bis hin zur Wassersucht, Unterleibserkrankungen von Gebärmuttererkrankungen und dortigen Zysten bis hin zu Morbus Crohn, Obstipation, Diarrhöen, Appendicitis, Nierensteinen und Nabelkoliken fallen in den Zuständigkeitsbereich dieses Chakras.

Homöopathisches Mittel: Mercurius D60, Rubimed Chavita 2.
Naturentsprechungen: Mondlicht auf einem nächtlichen Gewässer.
Ätherisches Öl: Ylang-Ylang-Öl, Sandelholzöl.
Heilstein: Rutilquarz, Bergkristall, Aventurin,
synodischer Mond-Powerkristall und -essenz,
Neptun-Powerkristall und -essenz,
Uranus-Powerkristall und -essenz.

Die zugeordneten regierenden Feldfrequenzen sind der synodische Mond mit einer eher flüssigkeitsbezogenen Verbindung, sowie der Neptun auf der eher seelischen Ebene mit ihren Notenentsprechungen gis sowie der Farbe Orange und der Powerkristall des synodischen Mondes, sowie des Neptun für die Yin-Dimension, als auch des Uranus für die Yang-Dimension des Chakras.

Das Solarplexus-Chakra

Das Zentrum dieses Chakras liegt etwa zwei Finger breit über dem Nabel, und es ist unser großes sonniges Kraftzentrum. Es ist direkt mit einem der zentralen Schaltstellen des vegetativen Nervensystems, dem Solarplexus, verbunden. Es steuert die Entfaltung unserer Persönlichkeit, die Verarbeitung von Erlebnissen und Gefühlen. Mit seinem Sitz im Oberbauch bildet es ein Zentrum unserer Uridentität. Gefühle des erfüllten Glücks und des Gesättigtseins werden von diesem Chakra gesteuert.

Organisch steht das Chakra in enger Wechselwirkung zu den Organen im oberen Bauchraum. Die Bauchspeicheldrüse mit ihrer Insulinproduktion sowie die Galle und die Leber werden beeinflusst und gesteuert. Aber auch das vegetative Nervensystem wird über den Ganglienknoten des Solarplexus entscheidend stimuliert. Das gesamte Bindegewebe steht ebenfalls in enger Beziehung zu diesem Chakra.

Auf der seelischen Ebene kreisen die Themen um das Ich-Erleben, um Selbstbewusstsein und Tatkraft. Konflikte kreisen um Erfahrungen des Allein- und Verlorenseins beziehungsweise Hungrigseins. Dies kann bei einer Überaktivität dieses Chakras durch Machtstrategien kompensiert und überdeckt werden.

Tiefgreifende Störungen erscheinen in einem Umfeld von düsteren Charakterbildern bis hin zur Depression (kein inneres Licht wird erlebt), Diabetes, Verdauungsproblemen und Magenschmerzen. Körperlich finden wir Erkrankungen von Bauchspeicheldrüse und Leber, Galle, Magen und Darm. Diabetes, Gallensteine, Hepatitis, Pankreatitis, chronische Gastritis, Bulimie und Anorexie, Colitis Ulcerosa sowie Übergewicht gelten als direkte Körperreaktionen auf Störungen des dritten Chakras.

Homöopathisches Mittel: Cuprum D60, Rubimed Chavita 3.
Naturentsprechung: Sonnenschein, blühende Sonnenblumenfelder.
Ätherisches Öl: Kamillenöl, Lavendelöl.
Heilstein: Citrin, Bergkristall, Bernstein,
Sonnen-Powerkristall und -essenz.

Die zugeordneten Frequenzen sind wesentlich jene der Sonne und der Schumann-Resonanz mit ihrer Notenentsprechung h/c und der zugeordneten Farbe Gelbgrün sowie der Powerkristall der Sonne.

Herzchakra

Das Herzchakra liegt in der Mitte der Brust am Ende des Sternums und ist direkt mit der Thymusdrüse sowie dem Herzen, den Bronchien und der Lunge verbunden. Erfahrungen von In-meiner-Mitte-Sein, von selbstloser Liebe, von einem Ja zum Leben sind zentrale Aspekte. Es verschaltet den Übergang vom Ich-Bewusstsein zum Wir-Bewusstsein. Selbstlose Liebe im Sinne der Nächstenliebe liegt in diesem Chakra verwurzelt.

Organisch steuert dieses Chakra unseren Brustbereich mit den so lebenswichtigen Organen Herz und Lunge und unserer Atmung. Die Thymusdrüse wird von diesem Chakra gelenkt, jener Ort, der den

Dreh- und Steuerpunkt für ein schlagkräftiges Immunsystem bildet: Hier werden die Lymphozyten und unsere Antikörper ausgebildet. Auch der Zustand der Haut wird über dieses Chakra geregelt.

Auf der seelischen Ebene finden wir – wie gesagt – das Thema der selbstlosen Liebe. Störungen erleben wir als Isolationsempfindungen bis zum völligen Rückzug von der Welt sowie Abgrenzungsmangel. Konflikte entstehen aus dem Versuch, Herzensgefühle abzuwehren in Form von geistiger Überanstrengung, Panik einerseits sowie Gefühlen des Zurückgezogenseins und Eingeschlossenseins andererseits.

Tiefgreifende Störungen erscheinen uns als ein extremes Verletzlichsein, als extremes Mitleiden einerseits, als Herzlosigkeit und Härte andererseits. Erfahrungen von Enge in der Brust, von Hektik, Unruhe und Stress gehören dazu. Herzerkrankungen, Asthma, Immunschwäche, Lungenprobleme, Bronchitis, Angina pectoris, Brachialsyndrome, Legasthenie und Hyperventilationstetanie sowie Mama- und Bronchialkarzinome weisen auf Störungen dieses Chakras hin.

Homöopathisches Mittel: Aurum D60, Rubimed Chavita 4.
Naturentsprechung: Sonnenbeschienene Wälder, Wiesen und Felder, unberührte Natur.
Ätherisches Öl: Rosenöl.
Heilstein: Rosenquarz, Bergkristall, grüner Turmalin,
Erdenjahr-Powerkristall und -essenz.

Die zugeordnete regierende Feldfrequenz ist das Erdenjahr mit seiner Note cis und der Farbe Grün sowie der Powerkristall des Erdenjahres.

■ *Kehlkopfchakra*

Dieses Chakra ist direkt mit der Halswirbelsäule und der Schilddrüse verbunden, und sein Thema ist »Kommunikation« schlechthin, ob man etwas »nicht schlucken kann«, den »Hals voll hat«, »jemandem etwas husten will«. Es stellt eine wichtige Schleuse für aufsteigende Gefühle dar, die herausgejauchzt, gejubelt oder aber auch geweint werden wollen.

Organisch steuert dieses Chakra die Schilddrüse und die Nebenschilddrüse mit deren Hormonproduktion. Die gesamten Organe im Halsbereich sowie zur sprachlichen Kommunikation werden über Luftröhre, Stimmbänder, Kiefer bis hin zu Zunge und Mund von diesem Chakra regiert.

Seelisches Thema ist die Kommunikation des Individuums mit der Welt. Die volle stimmliche Präsentation des Individuums, das Durchbeißen, um eigene Ziele zu verwirklichen, sind die Hauptthemen. Konflikte ranken sich um das Abwürgen aufsteigender Gefühle bis hin zum emotionalen »Totstellen«, andererseits bis hin zum Überflutetwerden von Emotionen verschiedenster Art, die einen überdrehten Eindruck erzeugen.

Blockaden erscheinen uns als Unsicherheiten, als lautes Reden und Gestikulieren oder Stottern, Verschüchtertsein, als Halsstarrigkeit oder ein »Kopfeinziehen«. Solche Begriffe sprechen bereits für sich. Körperlich treten bei gestörtem fünftem Chakra Kehlkopf- und Schilddrüsenprobleme mit ihrer Über- oder Unterfunktion auf. Schluckbeschwerden finden sich ebenso wie Störungen der Ohren und des Nasenbereichs, Stimmbandreizungen, HWS-Syndrome, Angina, Laryngitis und Heiserkeit.

Homöopathisches Mittel: Plumbum D60, Rubimed Chavita 5.
Naturentsprechung: blauer und wolkenloser Sommerhimmel.
Ätherisches Öl: Pfefferminzöl, Kampferöl.
Heilstein: Bergkristall, Türkis, Lapislazuli,
Merkur-Powerkristall und -essenz,
Saturn-Powerkristall und -essenz.

Die Frequenz des Merkurs regiert dieses Chakra mit der zugeordneten Note d und der Farbe Blau sowie der Powerkristall des Merkurs und des Saturns.

Stirnchakra

Das Stirnchakra ist etwa einen Fingerbreit über der Nasenwurzel in der Mitte der Stirn angesiedelt und mit der Hypophyse verbunden. Es steuert Visionen und Intuition, die Einsicht in die »andere Welt«, es entspricht dem Dritten Auge, dem sechsten Sinn und ist eng mit der Steuerung des vegetativen Nervensystems verwoben.

Organisch werden im Kopfbereich die Stirn- und Nebenhöhlen, das Drüsensystem der Hypophyse mit ihrer das Immun- und Nervensystem steuernden Funktion Nase und Ohren angesteuert.

Seelische Themen kreisen um die Fähigkeit, sich von einer Sache ein Bild zu machen, Visionen zu kreieren und konsequent zu verwirklichen, intuitive Einsichten zu gewinnen und vor allem Täuschungen und Illusionen zu identifizieren.

Konflikte entstehen aus dem Abwenden von intuitiven Einsichten. Das damit einhergehende Stressverhalten kann einerseits Sehstörungen und andererseits bis zu extremen Wahngebilden und spirituellem Größenwahn führen.

Tiefgreifende Störungen wirken sich aufgrund der zentralen Steuerfunktion des vegetativen Nervensystems auf vielfältigsten Ebenen aus. Anspannung, Unruhe, Geisteskrankheiten verschiedenster Art, Erschöpfung, Erkältungen und Infekte im HNO-Bereich mit Symptombildern verschiedenster Kopfschmerzen, Sinusitis, Mittelohrentzündungen, Schwerhörigkeit und Tinnitus, Zungenbrennen, diverse Hormonstörungen, Weichteilrheuma, Burn-out-Symptombilder, Störungen des Sehbereichs mit Bindehautentzündungen und weiteren Augenleiden sind die direkte mögliche Folge.

Homöopathisches Mittel: Argentum D60 und Rubimed Chavita 6.
Naturentsprechung: Abendhimmel mit der Venus am Firmament.
Ätherisches Öl: Zitronengrasöl.
Heilstein: Bergkristall, Lapislazuli,
Venus-Powerkristall und -essenz,
Mars-Powerkristall und -essenz.

Die Venus regiert mit ihrem Urton und der Note a sowie der Farbe Gelborange dieses Schlüsselchakra. Der Powerkristall der Venus sowie die Note d des Mars werden dem Chakra zugeordnet.

Das Scheitelchakra

Dieses Chakra ist mit dem Großhirn verbunden; es macht uns mit den hohen Werten jenseits der Welt der Gegensätze sowie Begriffen des Göttlichen vertraut. Es ist mit den Augen, der Gehirnhaut sowie der gesamten Schädelmuskulatur und der Zirbeldrüse sowie unserem Zentralnervensystem verbunden und verbreitet eine heitere Gelöstheit, Klarheit und Stille in uns.

Organisch ist dieses Chakra mit dem gesamten Organismus verbunden. Während das Wurzelchakra mit der irdischen feinstofflichen Energie verbindet und das materielle Gerüst strukturiert, so ist das siebte Chakra mit der kosmischen feinstofflichen Energie verbunden und strukturiert unser Nervensystem.

Seelisch steuert dieses Chakra das Bewusstsein für die Verbundenheit mit dem Universum, den tiefen inneren Frieden und das Bewusstsein um den ewigen Wechsel des Wachsens und Verwelkens, Werdens und Sterbens vor dem Hintergrund ewigen Seins. Konflikte erscheinen uns oft als Nervosität, Verwirrtheit, Habgier, Geiz, Egoismus, Lernstörungen, verdrehtes falsches Denken, Depression. Haben wird über das Sein gestellt.

Kopfschmerzen, Migräne, aber auch verschiedenste Krebserkrankungen, Nervenleiden, multiple Sklerose, Schlafstörungen, der bersten wollende Schädel, Konzentrationsstörungen sind direkte Folgen von Blockaden dieses Chakras.

Homöopathisches Mittel: Platinum D60, Rubimed Chavita 7.
Naturentsprechung: weite Perspektiven von hohen Berggipfeln an der Grenzlinie von Himmel und Erde.
Ätherisches Öl: Weihrauch.
Heilstein: Amethyst, Bergkristall, Diamant,
platonisches Erdenjahr-Powerkristall und -essenz

Dieses siebte und letzte Chakra wird vom platonischen Erdenjahr regiert, dem die Note f und die Farbe Violett zugeordnet ist sowie der Powerkristall des platonischen Erdenjahres.[36]

Derzeit finden wir in der populären Literatur verschiedenste Versuche, die Struktur der Chakren zahlensystematisch mit irgendwelchen bekannten kosmischen und harmonikalen Zuordnungssystemen zu verbinden und dadurch einen »Beweis« für die Richtigkeit der Theorie zu erbringen. Mir ist es wichtig zu erwähnen, dass es nach medizin-ethnologischer Forschung Hunderte von unterschiedlichsten Zuordnungsbezügen zwischen Chakra und therapeutisch wirksamer Farbe und Klang existieren. Aus informationsmedizinischer Sicht ist eine Fülle von Konzepten, gerade aus dem Dunstkreis aktueller Esoterik, schlicht falsch.

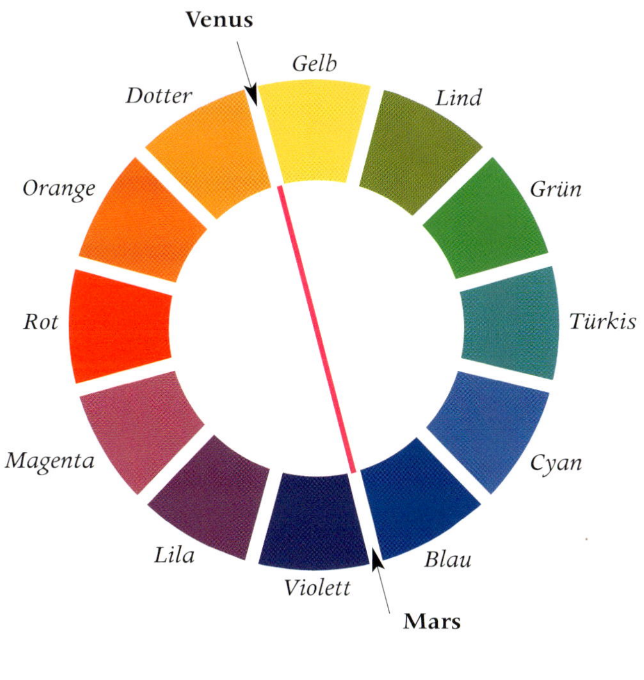

36 Umfangreiches Material finden interessierte Leser im Buch von Dr. Reimar Banis: Durch Energieheilung zu neuem Leben, Petersberg 2002.

Ein Beispiel: Ein Autorenpaar aus der Esoterikszene hat die sieben Chakren schlicht aufsteigend den Noten c, d, e und so fort zugeordnet und diesen eine extrem harmonisierende Potenz zugesprochen. Dies steht in keinerlei logischem Zusammenhang zum Feld der Gesundheit, und es entstehen mit Sicherheit völlig andere Effekte, wenn beispielsweise mit der Note c das Wurzelchakra therapiert wird. Hier gehört zur Aktivierung ein g mit der zugehörigen Oktavfarbe Rot hin.

Andere Therapeuten sehen wiederum neun grundlegende Chakren. Sie ergänzen unsere sieben Hauptchakren in der Regel durch das sogenannte Thymuschakra und das Epiphysenchakra. Hier finden wir neun Chakren, die gerne den neun Planeten unseres Sonnensystems zugeordnet werden. Es gibt allerdings andere Therapeuten, die nur acht Planeten sowie die Sonne zuordnen. Welches Konzept ist »stimmig«?

Besonders kontrovers wird die Zuordnung zu den kosmischen Bezugspunkten für das »Dritte Auge« gehandelt. Die westliche Literatur ordnet diesem Chakra Blau zu. Bei unserer Arbeit haben wir zumeist die Venus und damit Gelborange ausgetestet. Wie lässt sich dieses Rätsel lösen? Wir finden einen Zusammenhang dergestalt, dass beide Farben im Farbkreis zueinander die Gegenfarben darstellen, insoweit also bereits ein physikalischer Bezug zwischen beiden Meinungen existiert. Die Praxis zeigt, dass beide Werte effektiv für die Therapie sein können. Viele Therapeuten verwenden beide, also die Mars- und die Venusfrequenz, zur Therapie des sechsten Chakras. Testen Sie es aus!

Ich stimme hier letztlich mit erfahrenen Ärzten und Heilpraktikern überein, wie zum Beispiel Dr. med. Reimar Banis (siehe Literaturverzeichnis), dass es sich mit dem Konzept der sieben Hauptchakren in der Therapie vortrefflich arbeiten lässt. Die Zuordnung der Energiezentren zu organsteuernden Drüsenzentren und vegetativen Schaltstellen ist plausibel. Biophysikalisch sind die ermittelten Zuordnungen zum Feld der Gesundheit überzeugend und die Effekte radiästhetisch und kinesiologisch verifizierbar. Und das ist, was zählt.

Die Energiekörper der Chakren

Die Chakren sind mit feinstofflichen Energiekörpern verwoben. Je nach therapeutischem System werden bis zu sieben Energiekörper in die Therapie mit integriert. Wesentliche Arbeiten können aber mit einem System der vier wichtigsten Energiekörper erreicht werden. Energiekörper können Sie sich als Felder mit unterschiedlicher Dichte und Frequenz vorstellen, die von Hellsichtigen auch mit unterschiedlichen Färbungen wahrgenommen werden. Die Energiekörper gehen dabei kontinuierlich ineinander über und sind keine klar und präzise abgegrenzten Phänomene.

Zum einen finden wir den sogenannten Ätherleib, in dem sich unsere Lebenskraft befindet und aus dem die Chakren die zum irdischen Leben notwendige Energie schöpfen.

Im sogenannten Emotionalkörper befindet sich das Gedächtnisfeld der Chakren. Jedes Chakra besitzt ein vollständiges Gedächtnis und zeichnet einen durchgehenden »Film unseres Lebens« auf (Kühni/von Holst 2003: 89). Das unbewusste Denken, Gemütsstimmungen und sinnliche Erfahrungen stehen in enger Wechselwirkung mit diesem Energiekörper.

Jedes Chakra ist sich auf unterschiedliche Weise seiner selbst bewusst, hat seine eigene Denkart, die im Mentalenergiekörper abgelegt ist und den lichteren Anteilen des Geistigen entspricht.

Intentionen und höhere Ziele sind im sogenannten Kausalkörper abgelegt. Dieser Energiekörper verbindet uns mit dem kollektiven Unbewussten, der Akasha-Chronik, der Welt der Ideen und Archetypen. Er kann bei spirituell hoch entwickelten Menschen weit in den Raum hinausstrahlen.

Chakren sind auch die Andockstationen für energieraubende Lebenskonflikte. Nach Dr. med. Banis mag dies darin begründet liegen, dass die Chakren als Energieverteiler über ein Schutzsystem, einer Firewall am Computer vergleichbar, verfügen, das diese Konflikte festhält und so weit als möglich neutralisiert (Banis 2003: 52).

Arbeit mit den Chakren bedeutet also Arbeit auf Energieebenen und Arbeit mit den körpereigenen Drüsen- und Organsystemen, dem Skelett und dem Nervensystem und den tieferliegenden Lebenskonflikten. Wir können eigentlich kaum einen geeigneteren Zugang für unsere Arbeit mit dem Feld der Gesundheit wählen, wenn es um individuelle Behandlungen geht. Es verwundert nicht, wenn wir bei den Krankheitsbeschreibungen nahezu alle bekannten und teilweise therapeutisch ungelösten und vor allem chronischen Erkrankungen einordnen können.

Hinweis für Ärzte und Heilpraktiker

Therapeutische Unterstützung bei dieser Arbeit bieten auch die hervorragend wirkenden homöopathischen Komplexmittel, die von dem bekannten Arzt-Ehepaar Dr. Reimar und Ulrike Banis entwickelt worden sind. Für ihre psychosomatische Energetik-Therapie entwickelten sie sieben in Apotheken erhältliche homöopathische Heilmittel namens Chavita 1 für das Wurzelchakra bis Chavita 7 für das Scheitelchakra, die auch für uns eine hervorragende therapeutische Hilfe mit sich bringen können, deren Verwendung aber unbedingt in Therapeutenhände gehört.[37]

Eine Stabilisierung der Grundmatrix kann diesbezüglich mit vier weiteren homöopathischen Komplexmitteln, den sogenannten Rubimed-Akutmitteln, erreicht werden, die gerade stark geschwächten Menschen, deren seelische und körperliche Balance völlig aus dem Ruder gelaufen ist, bestens helfen:

Rubimed Anxiovita:	Bei Angst, Panikzuständen, Spannungsgefühlen.
Rubimed Neurovita:	Bei chronischer Überforderung bis hin zum Burn-out.
Rubimed Simvita:	Bei Sympathikotonie.
Rubimed Paravita:	Bei Vagotonie.

Diese homöopathischen Komplexmittel harmonieren bestens mit der Powerkristall-Arbeit. Sie sollten deren Notwendigkeit aber stets genauestens austesten.[38]

Praktische Arbeiten an den Chakren

Es ist von allergrößter Wichtigkeit zu fragen, ob wir hier und jetzt mit den Chakren einer Person arbeiten dürfen. Denken Sie daran, welch gravierende Effekte eine falsche Behandlung auf Grund der Tragweite der Chakra-Fehlsteuerungen auslösen kann.

Manchmal mag äußerste Sanftheit angesagt sein, damit vorhandene Blockaden nicht auf einen Schlag gelöst werden, die den Klienten mit Strömen verdrängten Materials überschwemmen. Testen Sie diese Umstände genau aus. Nur wenn Sie bei den folgenden Fragen jeweils ein eindeutiges »Ja« erhalten, fahren Sie mit der Arbeit fort.

- *Darf ich hier und jetzt mit dem Chakrasystem des Klienten arbeiten?*
- *Darf ich das Chakrasystem mit den Frequenzen des Feldes der Gesundheit behandeln?*
- *Ist das Entgiftungssystem des Klienten in der Lage, diese Prozesse zu verarbeiten?*

37 Diese homöopathischen Heilmittel können Sie in jeder Apotheke bestellen; sie werden von der Firma Rubimed vertrieben. Dosierung standardmäßig 2 mal 12 Tropfen auf die Zunge. Vgl. hierzu auch das Buch »Psychosomatische Energetik« von Dr. med. Reimar Banis (siehe Literaturverzeichnis).

38 Bei Rubimed können Ärzte und Heilpraktiker einen Basis-Testsatz mit Ampullen zum Austesten der Chavita-Komplexmittel bestellen. Siehe www.rubimed.com.

Wir können mit den Powerkristallen auf zweierlei Arten mit den Chakren arbeiten: Zum einen können wir ganz allgemein das gesamte System der sieben Chakren durch eine Auflegesequenz von Powerkristallen in seiner Gesamtheit harmonisieren. Dadurch erreichen wir nahezu das gesamte Organ- und Nervensystem und wirken zugleich auf die Energiekörper der Chakren harmonisierend ein. Solch eine Therapie kann eine wunderbare Heilkraft freisetzen und konsequent zur Auflösung von Blockaden beitragen. Die dadurch wieder freigesetzte Lebenskraft führt sehr schnell zu deutlichen Befindlichkeitsverbesserungen.

Zum anderen können wir pro Sitzung das jeweils aktuelle Chakrathema bearbeiten und dafür unsere sieben standardisierten Powerkristalle verwenden oder aber einen individuell ausgetesteten themenzentrierten Powerkristall informieren und ergänzend eine Powerkristall-Essenz sowie oben zitierte Chavita-Komplexmittel zur innerlichen Anwendung empfehlen. Bei diesem Vorgehen beziehen wir die individuelle, an das Chakra gebundene Konfliktgeschichte mit ein. Fragen Sie:

- *Ist es optimal, alle sieben Chakren zu harmonisieren?*
- *Ist es optimal, mit einem bestimmten Chakra und dessen Thema zu arbeiten?*

Die Harmonisierung der sieben Hauptchakren

Dazu legt sich der Klient bequem hin (eine möglichst helle, farbneutrale Kleidung sollte getragen werden). Als unterstützende Maßnahme empfiehlt sich eine leise und beruhigende Hintergrundmusik, die das Energiesystem harmonisiert und öffnet.[39]

Während der Behandlung sollten sämtliche Störquellen wie Mobiltelefone und ähnliche Utensilien ausgeschaltet sein. Achten Sie auch aufmerksam auf Ihren energetischen Schutz. Nehmen Sie dann innerlich mit dem Energiefeld des Klienten Kontakt auf.

- *Nehmen Sie die Stimmgabel des platonischen Jahres oder den WahWah-Klangstab in die Hand, schlagen Sie dieses Hilfsmittel an und führen Sie dieses in Form einer liegenden Acht in etwa dreißig Zentimetern Höhe für etwa eine Minute über den Körper des Klienten. Damit neutralisieren Sie gegebenenfalls vorhandene Therapieblockaden.*

39 Zu empfehlen sind die wunderbaren Klangschalen-CDs von Klaus Wiese wie »Vision«, »Tibetische Klangschalen I und II« sowie die Reiki-Musik-CDs von Merlin's Magic.

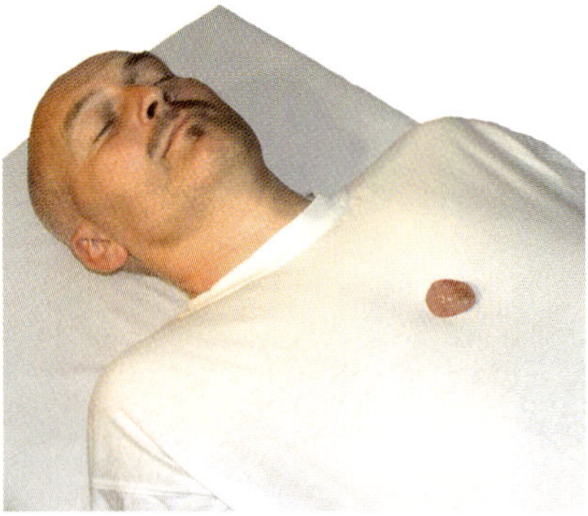

- Nehmen Sie dann Kontakt mit seiner Aura auf.
- Streichen Sie mit Ihren Händen in einem Abstand von etwa dreißig Zentimetern über den liegenden Körper und spüren Sie die Aura. Balancieren Sie die Aura aus. Führen Sie dazu Ihre Arme und Hände in Form einer liegenden Acht über den Liegenden.
- Greifen Sie nun zu dem entsprechenden Powerkristall, beginnend beim Wurzelchakra und dem Powerkristall des Erdentags. Legen Sie den Powerkristall behutsam und ein wenig angewärmt auf den Körperbereich des Chakras. Im Falle des Wurzelchakras stellen oder legen Sie den Kristall gegebenenfalls vorsichtig neben das Becken des Klienten.[40]
- Fahren Sie dann aufsteigend fort, die Powerkristalle aufzulegen, und im Falle des Scheitelchakras stellen Sie die Amethystkristallspitze hinter den Kopf des Klienten.
- Testen Sie aus, wie lange die Powerkristalle im Rahmen dieser Sitzung dort verweilen und mit dem Chakrasystem arbeiten sollen.

Nach meiner Erfahrung folgt die Kommunikation zwischen Kristall und Chakren einer ganz eigenen Dynamik, in die wir nicht mehr weiter eingreifen brauchen. Nach Ablauf der Zeit entfernen Sie die Powerkristalle behutsam aus der Aura. Glätten Sie die Aura wieder durch Ausstreichen mit Ihren Händen in Form einer liegenden Acht.

Lassen Sie dem Klienten genug Zeit, um wieder aufzustehen. Fragen Sie:

- Ist es für den Klienten in Ordnung, sich flankierend selbst ein Powerkristall-Set für seine Chakren zu besorgen und regelmäßig seine Chakren zu harmonisieren?

40 Nach Wolfgang Hahl sind die optimalen Kristallformen für solche Arbeiten die sogenannten Doppelender-Kristalle. Sollten Sie diese verwenden, achten Sie darauf, dass deren Spitzen immer längs des Körpers ausgerichtet sind, ansonsten können Sie unangenehme Blockaden erzeugen. Anwärmen lässt sich ein kleinerer Kristall bestens mit den Händen.

- *Ist es in Ordnung für den Klienten, wenn diese Chakraharmonisierung regelmäßig durchgeführt wird, wenn ja, wie oft?*

Eine Selbstbehandlung mit einem Chakra-Powerkristall-Set kann die Therapie bestens begleiten und daheim im Liegen stattfinden.

- *Der Klient legt sich dazu die Kristalle auf oder in unmittelbare Nähe der zugeordneten Chakren. Dann spürt er sich durch seinen Körper, beginnend beim Wurzelchakra – ein feuerrotes Rad aus Lichtströmen, die pulsierend in den Körper hineinfließen.*
- *Danach geht er mit der Aufmerksamkeit zum Sakralchakra, stellt sich dieses als verschwenderisch pulsierende orangefarbene Kugel im Unterbauch vor, die eine sinnliche Wärme verströmt.*
- *Im Solarplexus-Bereich nimmt er Kontakt mit dem Chakra auf, in dem eine grüngelbe strahlende Sonne ihr lebensfreudiges Licht verteilt.*
- *Im Herzbereich nimmt er Kontakt mit dem ruhigen grünen Licht des Herzchakras auf, das den gesamten Brustraum durchströmt und zum Hals hin immer stärkere Blauanteile bekommt.*
- *Dann erspürt er das Kehlkopfchakra mit dem weiten Blau des Sommerhimmels, das sich im Halsbereich befreit und entfaltet.*
- *Im Stirnbereich erleuchtet das strahlende Gelb des Stirnchakras dunkle innere Räume. Nicht Gesehenes erscheint plötzlich in klarem Licht.*
- *Abschließend nimmt er Kontakt zum tiefen Violett seines Scheitelchakras auf. Dort ist strömende Stille und Klarheit zu finden.*

Solch eine Hinführung zur Eigeninitiative kommt in der Regel bei den Klienten bestens an. Und für Sie selbst ist es ebenfalls eine echte Wohltat.

Schließen Sie mit diesen Gedanken die Sitzung in Ruhe ab. Reinigen Sie danach die Powerkristalle unter fließendem Wasser. Waschen Sie sich selbst die Hände und Arme unter fließendem Wasser.

Die praktische Bearbeitung eines bestimmten Chakrathemas

Unser Klient bringt zu einer Sitzung stets seine aktuelle Befindlichkeit mit allen Wohl- beziehungsweise Unwohlgefühlen, organischen Beschwerden und aktuellen Lebenskonflikten mit. Wir beginnen damit auszutesten,

- *ob wir hier und jetzt mit den Chakren dieser Person arbeiten dürfen,*
- *welches der Chakren mit seinem verbundenen Themenkomplex heute Priorität hat.*

Fragen Sie für jedes Chakra:

- *Hat die Thematik des (beispielsweise) Wurzelchakras heute Priorität?*

Wiederholen Sie diese Frage für jedes Chakra, und ermitteln Sie die zu behandelnden Chakren. Nun mag es genug und völlig richtig sein, ein Chakra mit seinem zugeordneten Powerkristall zu harmonisieren. Ebenso ist es möglich, dass es eines ganz bestimmten Powerkristalls mit ganz bestimmten Frequenzkombinationen bedarf.

Fragen Sie:

- *Ist es in Ordnung, das Chakra mit Hilfe eines standardisierten Powerkristalls zu harmonisieren?*
- *Ist es in Ordnung, das Chakra mit einem individuell auszutestenden Frequenzspektrum zu harmonisieren?*

Zur eigenen Einstimmung und Sensibilisierung testen Sie bitte auch die folgenden Fragen aus:

- *Haben die körperlichen Ebenen Priorität?*
- *Haben die seelischen Ebenen Priorität?*
- *Handelt es sich um eine Unterfunktion des Chakras?*
- *Handelt es sich um eine Überfunktion des Chakras?*

In Abhängigkeit von der Antwort können Sie weiter voranschreiten. Im ersten Fall greifen wir auf unser Basisset von sieben Powerkristallen zurück und verfahren wie im vorherigen Kapitel beschrieben, nur dass lediglich ein oder zwei Powerkristalle aufgelegt werden.

Sie werden dabei häufig feststellen, dass die Chakren untereinander energetisch besondere Verbindungen eingehen. Wundern Sie sich deshalb nicht, wenn Sie immer wieder bei der Austestung sowohl das erste als auch das siebte, das zweite und das sechste, das dritte und das fünfte Chakra paarweise austesten. Das ist fast der Normalfall.

Ist es dagegen angezeigt, einen eigenen Powerkristall für ein Chakra anzufertigen, bedeutet dies, dass ein komplexer Heilungsvorgang angestoßen und abgewickelt werden soll.

Gehen Sie dazu wie üblich vor.

- *Aktivieren Sie Ihren energetischen Selbstschutz.*
- *Stimmen Sie sich auf das Austesten des Chakras ein.*
- *Testen Sie die ausgefallenen Feldfrequenzen durch Abfrage der Tabelle aus.*
- *Testen Sie die Über- oder Unterfunktion aus.*
- *Diskutieren Sie diese Werte mit dem Klienten.*
- *Testen Sie einen passenden Kristall aus.*
- *Informieren Sie den Kristall.*
- *Fragen Sie, wie und wo der Powerkristall angewendet werden soll.*
- *Soll der Klient unterstützend auch eine Powerkristall-Essenz mit dieser Programmierung bekommen?*
- *Testen Sie aus, wie lange der Kristall mit dem Chakrafeld des Klienten arbeiten soll.*
- *Für Ärzte und Heilpraktiker: Testen Sie aus, ob ein homöopathisches Komplexmittel der Chavita-Reihe sowie ein Mittel aus der Rubimed-Akutmittelreihe als Unterstützung hilfreich sind.*

Vergessen Sie niemals, den Kristall gemäß der höheren Ordnung zu bitten, mit Leichtigkeit, Freude und Liebe den Heilungsprozess zu unterstützen.

Mittels dieser korrekt ausgetesteten Werte können wir sehr tiefgreifende Heilungsimpulse geben. Die Umsetzung dauert ihre Zeit. In der Regel vergehen etwa vier bis sechs Wochen, bevor eine Weiterbehandlung sinnvoll ist. In der Zwischenzeit sollte der Klient viel vitalisiertes Wasser trinken und damit rechnen, etwas weniger belastbar zu sein, weil die energetischen Transformationsprozesse ihre Kraft erfordern.

Nach meiner Erfahrung können sich eine ganze Reihe von vor allem chronischen Beschwerdebildern bessern, wobei dieser Prozess von intervallförmigen Phasen der Erleichterung und Rückkehr der allerdings immer schwächer auftretenden Beschwerden begleitet sein wird.

Unterschiede zwischen der Informierung mittels der Stimmgabeln und therapeutischen Geräte wie ONDAMED® machen sich hier insbesondere in der Intensität der Wirksamkeiten der Powerkristalle bemerkbar. Die Stimmgabelkristalle zeitigen eine sanftere Wirkung, während wir mittels der genau auf den Delta-, Theta-, Alpha- oder Betabereich der Gehirnwellen und der Energiekörper gestimmten Oktavwerte konkrete Veränderungen in den vier uns umgebenden Energiekörpern anstoßen können. Solche tiefgreifenden Arbeiten gehören aber ausschließlich in die Hand kundiger und entsprechend trainierter Therapeuten, Ärzte und Heilpraktiker.

Abschließend zu diesem Kapitel können wir uns fragen, welcher strategische Therapiezugang zum Thema der Königsweg ist – entweder das individuelle Austesten der systemischen Ebenen und das Erstellen eines Powerkristalls oder die Arbeit mit den Chakren des Klienten und das Programmieren passender Powerkristalle. Wir testen den geeigneten Weg aus!

Finden Sie auf diese Weise den stimmigen Weg, überprüfen Sie individuell, welche Strategie besser geeignet ist. Beide Wege sprechen für sich. Beide Konzepte ermöglichen ein strukturiertes Arbeiten, in beiden Fällen müssen Therapeut und Klient sich durch die zwiebelschalenartig angeordneten Beschwerde- und Konfliktschichten hindurcharbeiten.

Bei der Erstellung eines individuellen Powerkristalls habe ich Sie darauf hingewiesen, dass Sie austesten sollen, wie lange der Kristall mit dem Klienten arbeiten möchte. Nach Ablauf der ausgetesteten Zeit ist ein neues Austesten angeraten, denn es ist eher unwahrscheinlich, dass lediglich eine Kristallprogrammierung sämtliche Konfliktthemen des Klienten komplett erlöst. In der Regel wird sich das hierarchisch tiefer liegende Thema als nächstes melden.

Um dieses Vorgehen transparenter darzustellen, stelle ich Ihnen auf den folgenden Seiten die Behandlung einer weiteren Klientin vor:

Der »Fall« Erika

Erika kam als dynamische Studentin in die Praxis und klagte über permanente Schmerzen am ganzen Körper, die sie seit dem 14. Lebensjahr begleiteten und jeden Umzug und jede berufliche Veränderung »überlebt« hätten. Eine Reihe von ärztlichen Untersuchungen hatte zu einem Entfernen sämtlicher Amalgamfüllungen, zu zwei Herdsanierungen, Vermessungen der Beinlängen geführt, ohne dass irgendeine Verbesserung der Beschwerden eingetreten wäre. Eine Vortestung erbrachte keine nennenswerte geopathische Belastung.

Wir entschieden uns nach Austestung für eine Chakrenbehandlung. Als Einstimmung testete ich eine Harmonisierung aller Chakren mit den sieben standardisierten Powerkristallen aus. Diese Anwendungen taten Erika sehr gut. Sie spürte auf dem Heimweg zumeist ein Gefühl tiefer Traurigkeit im Wechsel mit Schüben großer Freude und Leichtigkeit. Die Schmerzen ließen in der Intensität nach, verschwanden aber nicht.

Nach fünf Sitzungen testete ich aus, dass wir mit dem ersten individuellen Chakrathema arbeiten könnten. Ich fragte: Hat die Thematik des (beispielsweise) Wurzelchakras heute Priorität?

Ich testete im ersten Durchgang das Solarplexus-Chakra aus. Es stellte sich heraus, dass es angezeigt war, einen individuellen Powerkristall auszutesten.

Es wurden folgende gestörte Feldwerte ermittelt:

Synodischer Mond – Minus,
platonisches Erdenjahr – Minus,
Jupiter – Minus,
Erdenjahr – Minus,
Mars – Plus,
Neptun – Minus.

Funktionen des körperlichen und seelischen Entgiftens (Mond/-Neptun), der Klärung und Integration auf höherer Seelenebene (platonisches Erdenjahr) sowie das nervliche Gleichgewicht (Erdenjahr) sind erheblich gestört. Des Weiteren hatte Erika Probleme mit dem Sichabgrenzen und ihren eigenen Weg zu gehen (Mars), explodierte wegen der erlebten Grenzüberschreitungen oftmals. Ein Zuviel des Guten – hier Mars – ist auch nicht gut. Ebenso sind die warmen, großzügigen und verschwenderischen Aspekte der Lebenskraft, das Jupiterthema, problembesetzt, was ursächlich oftmals in einem Vaterkonflikt wurzelt. All das wies auf ein Geschehen hin, das die Selbstregulation zum Stillstand gebracht hatte.

Ein Plus von bestimmten Frequenzwerten geht stets einher mit einem Minus von Erdenjahr beziehungsweise platonischem Erdenjahr. Interessanterweise verlieren sich solche »Übergewichte« durch Ausgleich der jeweils unterbelegten Erdfrequenzen im Feld des Klienten sehr schnell.

Erika wählte einen wunderbaren klaren Citrin aus, den ich gemäß der beschriebenen Methode mit den ausgetesteten Frequenzen informierte. Besondere Sorgfalt verwendete ich auf die Abschlussprogrammierung:

> *Hiermit bitte ich dich, mit viel Leichtigkeit, Freude und Liebe deine harmonisierende Arbeit mit Erika zu verrichten, die aufgenommenen Feldwerte auszubalancieren und kein lebensfeindliches Programm aufzunehmen. So sei es. So ist es.*

Zur Unterstützung erhielt Erika gemäß Austestung noch das Komplexmittel Chavita 3 und die Anordnung, mindestens zwei bis drei Liter Wasser pro Tag zusätzlich zu trinken.

Die Dauer der Arbeit des Kristalls mit Erikas Solarplexus-Chakra wurde mit zwei Monaten ausgetestet.

Zwei Monate später kam Erika erneut in die Praxis. Sie berichtete davon, dass die diffusen Schmerzen immer mehr abgenommen hätten und auch bei Wetterumschwüngen erheblich geringer geworden wären. Gleichzeitig hätten intensivste Träume die Wochen begleitet. In den letzten zehn Tagen hatte sich ein zunehmender Druck im Brustbereich aufgebaut, ein Gefühl, das sie an frühe Kindertage erinnerte.

Gemäß dem vorgestellten Schema testeten wir eine Behandlung des Herzchakras aus, wobei wiederum folgende aktuellen verstimmten Frequenzen ermittelt wurden:

Erdenjahr – Minus,	Neptun – Minus.

Damit wurde diesmal eine Rosenquarz-Scheibe zum Umhängen informiert und als Unterstützung das Komplexmittel Chavita 4 ausgetestet und verordnet. Obwohl eine Arbeitszeit des Kristalls von drei Monaten ausgetestet wurde, trafen wir uns zwei Monate später.

An diesem Termin berichtete Erika, dass die Schmerzen kaum noch wahrnehmbar seien, sie habe wieder angefangen, Fahrrad zu fahren und figurbetonte Kleidung zu tragen, auch das Lernen falle ihr leichter. Die Angstzustände und Engegefühle in der Brust hätten sich erst noch einige Tage weiter verstärkt und dann während einer Periode von schönem Sommerwetter aufgelöst. Sie sah frischer und fröhlicher aus als beim letzten Termin, wobei vor allem ein vorher nicht bemerkbares spitzbübisches Lächeln ihr Gesicht umspielte. Eine lebensfrohe junge Frau stand vor mir. An diesem Termin testete eine Behandlung der Chakren negativ!

Ebenso testete keinerlei Powerkristall für irgendeine Ebene, es wurde kein begleitendes Komplexmittel benötigt, der Rosenquarz-Umhänger erwies sich als immer noch aktuell für mindestens drei weitere Monate. Damit schlossen wir diesen Termin ab. Eine Powerkristall-Behandlung über vier Monate, unterstützt von zwei Chavita-Komplexmitteln, hatte aus Erika nach ihren eigenen Worten »einen neuen Menschen« gemacht.

Allerdings wünschte sie sich zu ihrer Sicherheit einen Powerkristall für ihr Haus, der ihr dabei helfen sollte, die neu eingeschwungene Lebensqualität auch in ihrem Alltag dauerhaft stabil zu halten. Dazu eignen sich vor allem die Familien-Powerkristalle, die das Feld der Familie auf Gesundheit ein- beziehungsweise umstimmen.

Erstellen eines Familien-Powerkristalls

Zur Unterstützung individueller Heilung bedarf es oftmals standardisierter Powerkristalle (Bestelladresse siehe Anhang). Dabei verwende ich in der Regel langjährig ausgetestete Oktavkombinationen der entsprechenden Urtonfrequenzen, was die Kristalle sehr wirkungsvoll macht.

Auch mit der Stimmgabelausrüstung können Sie heilkräftige Standardkristalle generieren. Lernen Sie im folgenden Abschnitt einen Familien-Powerkristall anzufertigen. Ob für den Eigenbedarf oder als Auftragsarbeit – das Programmieren eines Familienkristalls ist eine Arbeit von besonderer Faszination, denn die Wirkung des Kristalls beeinflusst ein ganzes Netz von Personen, die zusammen in energetischer Verbindung stehen.

Was kann ein Familien-Powerkristall bewirken?

Die Harmonisierung des Familienfeldes schafft eine gesunde Matrix, auf der die energetischen Prozesse der Familie eine neue Sortierung erfahren können. Spannungen können behutsam abfließen, und vertrauensbildende Muster können Form annehmen. Möglicherweise gibt es einige reinigende kommunikative Gewitter, welche die schwülen und gestauten Energien wieder ins Fließen bringen. Scheinbar unversöhnliche Ansichten münden nach und nach in neue gemeinsame Perspektiven. Überraschend ist für mich, dass in nahezu allen Fällen ein Bergkristall als Familien-Powerkristall informiert werden sollte, größtenteils stattliche, ein bis drei Kilogramm schwere Stücke, die in die gemeinsame Wohnung gebracht wurden.

Familien-Powerkristall (Sammlung Walter von Holst).

Ebenso erstaunlich fand ich es anfangs, dass in der Regel eine Intensivierung der Wirkungen eintrat, wenn die beteiligten Familienmitglieder unterstützend jeweils einen eigenen Anschlusskristall bekamen. Aus all diesen Erfahrungen setzen sich die folgenden Praxisanleitungen zusammen.

Was als »Familie« empfunden wird, ist oftmals sehr unterschiedlich, auch wenn wir kulturell vorgeformte Erwartungshaltungen und Zusammengehörigkeitsmuster teilen. Lassen Sie bei der Erstellung eines Familienkristalls ein Bild von der Familie des oder der Betreffenden malen, in das sämtliche als zur Familie gehörende Personen eingezeichnet werden.

Idealerweise sind möglichst viele Familienmitglieder bei der Austestung zugegen, aber ein Familienfoto als Vertretung der Familie reicht dem erfahrenen Tester ebenso aus wie die Anwesenheit eines Familienmitglieds im Raum. Zum Austesten des Familienfeldes bedarf es eigentlich nur eines wie auch immer gearteten Ankers, der eine Verbindung zwischen Tester und dem Feld der Familie erstellt.

Das Schema entspricht unserem üblichen Vorgehen:

- *Aktivieren Sie Ihren energetischen Selbstschutz.*
- *Stimmen Sie sich auf das Feld der Familie ein.*
- *Testen Sie aus, ob Sie hier und jetzt mit der Familie arbeiten dürfen und ob Testblockaden aufzulösen sind.*
- *Testen Sie die ausgefallenen Feldfrequenzen durch Abfrage der Tabellen aus.*
- *Diskutieren Sie diese Werte mit der Familie.*
- *Testen Sie einen passenden Kristall aus.*
- *Informieren Sie den Kristall.*
- *Fragen Sie, wo der Powerkristall aufgestellt werden soll.*
- *Testen Sie aus, wie lange der Kristall mit dem Feld der Familie arbeiten soll.*
- *Fragen Sie, ob die Familienmitglieder eigene kleine Anschlusskristalle oder Powerkristall-Essenzen benötigen.*
- *Diskutieren Sie die ermittelten Werte mit den Teilnehmern der Sitzung.*

Am Beispiel zweier Familiensitzungen möchte ich dieses Vorgehen veranschaulichen:

Familie Müller

Der Familienvater kam schon seit längerer Zeit in die Behandlung, und bei der Abfrage der systemischen Ebenen zur Erstellung eines persönlichen Powerkristalls testeten wir sieben Frequenzwerte aus. Dieser hohe Verstimmungswert machte mich stutzig, und auf Nachfrage berichtete der Klient über die immer häufigeren Befindlichkeitsstörungen seiner beiden Söhne sowie das immer aggressivere Klima im Umgang mit seiner Ehefrau. Diese Aussagen wiesen deutlich auf die heilsamen Möglichkeiten eines Familienkristalls hin, so dass wir einen Termin vereinbarten.

An einem sonnigen Samstagvormittag trafen wir uns zum Austesten. Nach einem kurzen Vorgespräch, in dem ich den Eltern die Methode noch einmal erläuterte, bat ich die Familie, gemeinsam ein Bild auf einen großen Plakatkarton zu malen. Dafür habe ich stets eine umfangreiche Stiftesammlung parat. Diese Maßnahme hilft uns, das Familienfeld zu aktivieren.

Währenddessen aktivierte ich meinen energetischen Selbstschutz und stimmte mich geistig durch Betrachten des entstehenden Bilds und Erspüren der Energien zwischen den vier Familienmitgliedern auf das systemische Familienfeld ein.

Ich testete positiv aus, dass ich hier und heute mit dieser Familie und dem Feld der Gesundheit arbeiten darf. Eine vorhandene Testblockade löste ich durch ein spielerisches Anwenden des WahWah-Klangstabs auf, mit dem ich einen Klangregen mit der Frequenz des platonischen Jahres auf die kleine Gruppe herabregnen ließ.

In der Folge testete ich, während die Familie weiter an dem Bild zeichnete, anhand der Frequenztabellen die ausgefallenen Werte aus. Ich ermittelte:

Sonne – Minus,
synodischer Mond – Minus,
platonisches Erdenjahr – Minus,
Neptun – Minus.
Merkur – Minus,
Erdentag – Minus,
Jupiter – Minus,

Auffallend war für mich die Erkenntnis, dass im Feld dieser Familie die körperlichen und seelischen Entgiftungskanäle gestört sind, was uns Mond und Neptun, die Sektion der Farbe Orange anzeigte. Der Ausfall des Erdentags reduziert nachhaltig die Lebenskraft im Feld, und die fehlende Sonnenfrequenz reduziert ebenso nachhaltig das innere Licht.

Auf diese Weise werden die energetischen Ressourcen knapp, es bleibt wenig Raum für verschwenderische Wärme und Jovialität, wie uns auch der gestörte Jupiterwert anzeigt. Eine Klärung ist auch kaum möglich, da das platonische Erdenjahr gestört ist.

Der Organismus »Familie« war schwer erkrankt. Dies zeigte sich an den immer häufigeren Infekten des Vaters, den dramatisch zunehmenden Allergien des jüngsten Sohns, der Unruhe des älteren Sohns und der Verbitterung der Familienmutter.

Auffallend war hier auch, dass beide Elternteile sich nicht erklären konnten, was mit ihnen passiert sei. Eigentlich ging es erst richtig »bergab«, als sie endlich in eine schöne neue und naturnah gelegene Wohnung umgezogen waren.

Hier muss es sofort »klingeln«. Natürlich können Wohngifte, Überlandleitungen, Mobilfunkmasten oder schwere Geopathien zu solchen Verstimmungen führen – äußere Faktoren, die das Feld der Gesundheit total abschirmen oder stören. Mittels Austestung konnten wir Elektrosmog und die wichtigsten Wohngifte ausschließen, allerdings zeigte sich eine geopathische Belastung bei dem jüngsten Spross der Familie im Bauchbereich, hier mit schwächendem Einfluss auf die Bereiche des zweiten und dritten Chakras. Dies wird einer der Motoren für die plötzlich zunehmende Allergiebelastung sein. Hier empfahl ich einen kundigen Rutengänger.

Danach durfte sich die Familie einen Kristall aussuchen. Sie entschieden sich schnell für einen wunderbaren Rosenquarz. Diesen Rosenquarz informierte ich nach dem beschriebenen Verfahren mit den ermittelten Frequenzwerten. Insbesondere in solch sensiblen Kontexten lege ich allergrößtes Gewicht auf die sorgfältige geistige Abschlussprogrammierung:

> *Hiermit bitte ich dich, mit Leichtigkeit und Liebe deine Arbeit zu verrichten und kein lebensfeindliches Programm aufzunehmen. So sei es. So ist es.*

Der Kristall, das war allen Beteiligten klar, soll im Wohnzimmer aufgestellt werden, das auch räumlich in etwa den Mittelpunkt der Wohnung bildet. Nach einer Weile spürten wir eine stark ansteigende Heiterkeit, eine Welle von Fröhlichkeit durchdrang den Raum – typische Zeichen für ein beginnendes Wirken des Kristalls.

Als Ergänzung testete ich eine Powerkristall-Essenz für alle Familienmitglieder aus. Nach dem üblichen Schema informierte ich noch einen kleinen Rosenquarz-Trommelstein mit den oben genannten Frequenzen und der Empfehlung, einen Krug Powerkristall-Wasser zu erstellen, von dem über den Tag verteilt jeweils so viel Wasser wie gewünscht getrunken werden kann.

Eine abschließende Austestung ergab, dass der Familien-Powerkristall über den Zeitraum von einem Jahr mit der Familie arbeiten und einmal wöchentlich unter fließendem Wasser gereinigt werden solle.

Damit war diese Sitzung beendet. Über die Folgezeit verbesserte sich die Befindlichkeit der Familie Zug um Zug, immer wieder unterbrochen von kleinen Rückschlägen und umso kräftigeren Aufbauphasen. Die Allergien des Jüngsten sind inzwischen verschwunden.

Familie Mayer
Zwei Töchter der Familie waren bereits seit geraumer Zeit wegen allergischer Symptombilder in Behandlung gewesen. Geopathische Störungen waren unauffällig. Die beiden Töchter wiesen jeweils eine Störung in folgenden Frequenzwerten auf:

Jupiter – Minus, Mars – Minus,
platonisches Erdenjahr – Minus.

Diese Werte fanden sich sowohl im Familienfeld als auch im Individualfeld. Dies ist ein direkter Hinweis, dass die Störung aus dem höheren Feld in das tiefere Feld vorgedrungen ist. Sie können so etwas auch austesten. Fragen Sie:

- *Sind diese Wertegleichheiten die Folge eines Vordringens der Störung auf der höheren systemischen Ebene in eine tiefere Ebene?*
- *Sind diese Wertegleichheiten die Folge eines Vordringens der Störung auf der tieferen systemischen Ebene in eine höhere Ebene?*

An einem frühlingshaften Vormittag trafen wir uns mit der dritten Tochter zum Austesten, die gemeinsam mit der Mutter kam und seit Jahren an schwerer Neurodermitis litt. Bei ihr zeigten sich wieder die oben genannten drei Werte, dazu kamen noch der synodische Mond, Merkur und der Saturn, jeweils ebenfalls im Minus.

Der Organismus »Familie« war auch hier eindeutig erkrankt. Dies zeigte sich an den drei Töchtern in aller Deutlichkeit, denen es samt und sonders an Durchsetzungskraft und Abgrenzung der eigenen Individualität (Mars), an reichlich innerer Wärme fehlte (Jupiter) und die keinerlei Klarheit über ihre Befindlichkeitsstörungen bekommen konnten, sich alle in einer Art Nebel befanden (Ausfall des platonischen Erdenjahres). Auffallend war hier, dass beide Elternteile sich nicht erklären konnten, warum diese Störungen insbesondere seit etwa zwei Jahren drastisch zugenommen hatten.

Ich assoziierte im Kontakt mit dem Feld der Familie folgende Überlegung: Mars und Jupiter sind stark im Minus, und Jupiter weist oft auf ein Vaterthema hin, wobei diese Themen oftmals eine Genera-

Familien-Powerkristall für diesen Fall.

tion überspringen, des Wurzels Übel möglicherweise bei einem Großvater zu suchen sei. Ich hatte einen Volltreffer gelandet.

Die Augen der Mutter erstarrten regelrecht. Es stellte sich heraus, dass sich der Großvater vor genau zwei Jahren das Leben genommen hatte, ein Umstand, der den Kindern bisher gar nicht mitgeteilt worden war. Seit jenen Tagen hatten die Beschwerden der Töchter drastisch zugenommen.

Ich testete aus, dass ein Familienkristall höchste Priorität hat. Es wurde eine wunderbare Amethystspitze ausgewählt, die mit den drei Frequenzen von Mars, Jupiter, platonischem Erdenjahr informiert wurde. Dazu musste noch der Wert der Sonne ergänzt werden. Die Abschlussprogrammierung lautete:

> *Hiermit bitte ich dich, mit viel Licht, Leichtigkeit und Liebe deine Arbeit zu verrichten, die Störung im Familienfeld aufzulösen, den Großvater ins Licht gehen zu lassen und kein lebensfeindliches Programm aufzunehmen. So sei es. So ist es.*

Der Kristall war groß genug, um das ganze Haus zu durchstrahlen. Die aktive Arbeitszeit wurde mit mindestens einem Jahr ausgetestet. Die Kinder wurden ergänzend mit der Methodik der Psychosomatischen Energetik nach Dr. med. Banis weiterbehandelt. Bereits wenige Wochen später berichtete die Mutter von deutlichen Befindlichkeitsverbesserungen und vor allem von einer noch nie so bewusst wahrgenommenen Ruhe im Haus. Das Störfeld hatte mit Fertigstellung des Familien-Powerkristalls für die Mädchen sofort an Kraft verloren. Die Frequenzen der Sonne, des platonischen Jahres und des Jupiters arbeiteten an der Frieden bringenden Ausheilung des Großvaterfeldes.

Programmierung eines Wetterfühligkeits- und Migräne-Powerkristalls

Ich habe im Einführungsteil bereits die Wetterfrequenzen, jene Sferics, erwähnt, die mit ihren Frequenzverschiebungen tiefgreifende

Verstimmungen auslösen können. Ebenso finden wir bei Migräne tiefgreifende Verstimmungen vor, die letztlich zu den vielfältigen Symptombildern führen.

Interessanterweise belegen meine umfangreichen Praxisergebnisse, dass in beiden Fällen eine erhebliche gesundheitliche Stabilisierung durch einen einzigen Wert aus der Palette des Gesundheitsfeldes erreicht werden kann: durch den Feldwert des platonischen Erdenjahres, der Meisterfrequenz unseres Gesundheitsfeldes.

Forschungen haben gezeigt: Dieser Wert löst harmonisierende Prozesse im Corpus callosum und im Zentralnervensystem aus, die einen wesentlichen Anteil an der harmonisierenden Wirkung auf den Organismus haben. Das platonische Jahr hat sich als »der Migränewert« schlechthin erwiesen, wobei genauestens ausgetestet, stets der Wert von 688,24 Hertz die direkteste und optimale Wirkung hat. Diesen Umstand können ONDAMED®-Anwender direkt nutzen, aber WahWah-Klangstab und medizinische Stimmgabel sind ebenfalls nur eine beziehungsweise zwei Oktaven neben dieser Frequenz und lösen immer noch stark wirksame Effekte aus. Bestens harmoniert diese Frequenz mit einem Amethyst, optimiert unter Ergänzung der Werte des Erdentags und des Erdenjahres.

Prachtvoller Wetterfühligkeits-Amethyst für eine Klientin.

Wichtig ist, dass sich ein solcher Kristall als Kristallspitze im Wohn- und Arbeitsumfeld befindet, um die Frequenzstörungen hier auszugleichen. Dabei ist zu sagen, dass in der Regel noch andere Feldfrequenzen gestört sind. Aber ein Migräne-Powerkristall liefert in vielen Fällen dem häufig seit Jahren geplagten Klienten eine Hilfe und schafft neue Inseln des Selbstvertrauens; er reduziert zumeist die Häufigkeit der akuten Schübe. Um einen diesbezüglichen Powerkristall zu erstellen, können Sie wie folgt vorgehen:

Suchen Sie sich eine passende Amethystkristallspitze aus. Lassen Sie sich dabei durchaus von Ihrer Intuition leiten, und seien Sie nicht verwundert, wenn Sie spüren, dass Ihr Kristall der Wahl durchaus faustgroß oder größer ist. Es sind zumeist stattliche Erscheinungen, die sich für diese Aufgaben zur Verfügung stellen möchten.

Reinigen Sie den Kristall zuerst unter fließendem Wasser und nehmen Sie ihn dann behutsam in die Hände. Nehmen Sie geistig mit ihm Kontakt auf und sprechen Sie dann deutlich:

- *Hiermit lösche ich alle dissonanten Informationen in dir.*
- *Hiermit bitte ich dich, die klärenden und heilenden Informationen des platonischen Erdenjahres, des Erdentags und des Erdenjahres aufzunehmen und zusammen mit deinen heilsamen Urinformationen zur Verfügung zu stellen. So sei es. So ist es.*

Informieren Sie den Kristall mittels der Stimmgabel des platonischen Jahres nach dem Schema, und schließen Sie den Vorgang mit folgender geistigen Programmierung ab:

- *Hiermit bitte ich dich, mit Leichtigkeit und Liebe deine harmonisierende Arbeit zu verrichten und kein lebensfeindliches Programm aufzunehmen.*
- *Hiermit bitte ich dich, den Raum und das energetische Umfeld zu klären und zu harmonisieren. So sei es. So ist es.*

Testen Sie abschließend aus, auf welche Art und Weise der Powerkristall gereinigt werden soll. Interessanterweise haben bereits mehrere Anwenderinnen ausgetestet, dass der Powerkristall einmal pro Woche im nächtlichen Garten auf der Wiese sich selbst reinigen möchte. Erinnern Sie sich: Amethyste lieben das Mondlicht zur Energetisierung.

Als Ergänzung kann die Einnahme von entsprechend gestimmter Powerkristall-Essenz angezeigt sein. Insbesondere bei Migräne-Klienten erweist sich diese Maßnahme als sehr hilfreich. Hier testet zumeist die Powerkristall-Essenz des platonischen Erdenjahres optimal.

Ein Powerkristall zur Stärkung des Immunsystems

Neue Lebenskraft ist der sicherste Garant für ein stabiles Immunsystem, und neue Lebenskraft ist eng verwoben mit dem Feldwert des Erdentags und der Farbe Rot. Sehr niedrige Energiewerte führen zu Abgeschlagenheitsgefühlen, depressiven Verstimmungen und zu immer höher werdender Infektanfälligkeit.

Nur selten lassen sich die Gründe für solche Erschöpfungszustände auf ein oder zwei klare Ursachen reduzieren. Sie sollten stets auf Nummer sicher gehen und von Ihrem Klienten organische Ursachen ärztlich abklären lassen.

Es gibt aber auch die einschlägigen Fälle im Kontext von Rekonvaleszenzphasen nach schweren Infektionen, Operationen oder seelischen Schocks, wo es generell nur gut sein kann, durch Verstärken der Erdentag-Resonanzen direkt auf die biologischen Stoffwechselsysteme einzuwirken, den Zellstoffwechsel und die Erholung des erschöpften Immunsystems anzukurbeln.

Damit einher gehen stets kräftige Entgiftungsschübe. Schlacken und abgetötete Erregertrümmer belasten das Lymphsystem in solchen Phasen, und viel Ruhe ist nötig, um die jeder schweren Krankheit innewohnenden Reifepotenziale zu integrieren. Wir alle kennen das: Nach Überwindung einer schweren Grippe kehren wir neu geordnet und irgendwie verändert in den Alltag zurück.

Immun-Powerkristall

Als inzwischen mit dem Feld der Gesundheit vertraute Leser können Sie die drei notwendigen Feldwerte ableiten:

Es sind der synodische Mond für Entgiftung, Erdentag für neue Lebenskraft sowie platonisches Erdenjahr für die Integration und Klärung. Hier wird ein synergetischer Neuordnungsvorgang angestoßen, bei dem Verbrauchtes ausgeschieden wird, neue Lebenskraft aufgebaut und eine Integration durchgeführt wird. Dazu braucht es literweise frisches und möglichst vitalisiertes Wasser.

Welchen Kristall würden Sie als Träger dieser Feldfrequenzen aussuchen?

Obwohl physikalisch jeder Quarzkristall denkbar wäre, haben Klienten mehrheitlich einen Bergkristall oder Rutilquarz gewünscht. Aus diesen Erfahrungen sind die standardisierten Immun-Powerkristalle entstanden. Stets sind es Bergkristallspitzen, die mit den oben genannten Urtönen des Feldes der Gesundheit in ausgewählten Oktaven informiert wurden und sehr effektiv sind.

Sie können einen Immun-Powerkristall mit einfachen Mitteln auch selbst erstellen: Wählen Sie einen entsprechenden Kristall aus, dieser sollte sehr klar und harmonisch geformt sein. Lassen Sie sich von Ihrer Intuition leiten. Denken Sie daran, dass es sinnvoll sein kann, diesen Kristall bei sich in der Hosentasche zu tragen, und darum sollte er nicht zu groß und nicht zu schwer sein.

Reinigen Sie den Kristall unter fließendem Wasser sowie mental nach dem bewährten Schema. Informieren Sie den Kristall nacheinander mit den Stimmgabeln des

1. *synodischen Mondes,*
2. *Erdentags,*
3. *platonischen Jahres.*

Schließen Sie diese Arbeit mit folgender geistigen Affirmation ab, während Sie den Powerkristall in beiden Händen halten:

- *Hiermit bitte ich dich, mit Leichtigkeit und Liebe deine Arbeit zu verrichten, die Feldwerte auszubalancieren und kein lebensfeindliches Programm aufzunehmen.*
- *Hiermit bitte ich dich, das Immunsystem kraftvoll wieder aufzubauen, das Lymphsystem schnell und intensiv zu entgiften und Körper, Geist und Seele wieder zu einer harmonischen Einheit zusammenzufügen. So sei es. So ist es.*

Solch ein Powerkristall kann einen Genesungsvorgang kraftvoll unterstützen. Er ist insbesondere für bettlägerige Klienten eine Wohltat. Ebenso bewährt er sich bei erkrankten Pflanzen und Tieren.

Programmierung eines Ihren Schlaf fördernden Powerkristalls

Das Gegenstück zur Vitalisierung ist oftmals das natürliche »Zur-Ruhe-Kommen«, und alle Menschen mit Schlafstörungen können davon ein Lied singen. Schlaflosigkeit und Einschlafstörungen können eine Vielfalt von Ursachen haben, bezogen auf unser Chakrasystem finden wir hier oftmals Störungen im vierten und siebten Chakra.

Daraus haben sich nach langen Experimenten klare Richtlinien herauskristallisiert, wie man mittels der Eckwerte des Feldes der Gesundheit harmonisierend das Ein- und Durchschlafen unterstützen kann.

Die ersten Erfolge konnten wir mit unserer im Jahre 2000 veröffentlichten CD »Klänge des Lebens« erzielen, die eine Aneinanderreihung von vier auf die Urtöne gestimmten Musikstücke in der Reihung Erdentag, Mond, Erdenjahr, platonisches Erdenjahr beinhaltet. Die Musik ist derart komponiert, dass man inmitten der Alltagshektik abgeholt wird. Stück 2 lenkt die Aufmerksamkeit mittels der Mondfrequenz auf die emotionale Ebene und führt in die Tiefe. Stück 3 harmonisiert den Nervenstoffwechsel mittels des Erdenjahres und führt zu tiefer Entspannung, und bei Stück Nummer 4 können die meisten Klienten unterstützt vom platonischen Jahr problemlos einschlafen.[41]

Schöner Einschlaf-Amethyst (Sammlung Heilpraxis Westerbauer).

Nach langen Experimentreihen mit den Powerkristallen wurde klar, dass die ideale Kombination für einen Amethystkristall in der Zusammenstellung von Erdenjahr und platonischem Jahr und Neptun besteht, die in den Frequenzoktaven des Delta- und Thetabereichs nahezu eine Einschlafgarantie bewirken. Allerdings schien es notwendig, diesen Kristall während des Schlafs aus dem direkten Einflussbereich zu entfernen: Am nächsten Morgen fanden die Probanden ihren Kristall weit entfernt vom Bett wieder. Sie hatten ihn im Schlaf weggeschleudert, möglicherweise um wieder wach zu werden.

Letztlich zeigte sich, dass sich mit Frequenzoktaven im Stimmgabelbereich gute Ergebnisse erzielen lassen. Insofern können Sie selbst Ihren Einschlaf-Powerkristall programmieren. Verwenden Sie eine Amethystkristallspitze, vielleicht sagt Ihnen eine extrem dunkelviolett gefärbte Spitze besonders zu. Reinigen Sie den Kristall möglichst unter fließendem Wasser sowie mental nach unserem bewährten Schema. Informieren Sie den Kristall nacheinander mit den Stimmgabeln des

41 Die CD »Klänge des Lebens« wurde nach Vorgabe von Christian Appelt von dem Freiburger Musiker Steve Schroyder (Ex-Tangerine Dream) eingespielt und erschien im Jahr 2000 im Hermann Bauer Verlag in Freiburg. Das Werk ist seit dem Jahr 2003 vergriffen.

1. *Neptuns,*
2. *Erdenjahres,*
3. *platonischen Jahres.*

Die Reihenfolge scheint eine wichtige Rolle zu spielen, denn sie testet als die optimale Aneinanderreihung aus.

Schließen Sie diese Arbeiten mit folgender geistigen Affirmation ab, während Sie den Einschlaf-Powerkristall in beiden Händen halten:

- *Hiermit bitte ich dich, mit Leichtigkeit und Liebe deine Arbeit zu verrichten, die einprogrammierten Feldwerte auszubalancieren und kein lebensfeindliches Programm aufzunehmen.*
- *Hiermit bitte ich dich, das innere System sanft zur Ruhe zu bringen und den erholsamen Schlaf einzuleiten und zu unterstützen. So sei es. So ist es.*

Dieser Powerkristall wird Ihnen eine gute Einschlafhilfe sein und über die Zeit tiefer in Ihr System eingreifen und Qualitäten der Klarheit und Ruhe stabilisieren. Stellen Sie ihn in den energetischen Einzugsbereich Ihres Bettes. Vergessen Sie nicht, diesen Kristall regelmäßig unter fließendem Wasser zu reinigen und ihm seine Portion Mondlicht zu spenden.

Erstellung eines Lichtbringer-Powerkristalls

Ganz klar, dies ist die Domäne der Sonne, werden viele Leserinnen und Leser jetzt denken, und Sie haben völlig Recht. Letztlich bringt hier der richtige Mix den Erfolg. Wir benötigen die Frequenzen *von Sonne, Erdentag, synodischem Mond, Erdenjahr, platonischem Erdenjahr.*

Licht in der Seele ist unabänderlich an das Wechselspiel von Sonne und Erde gebunden, und die oben genannten Urtöne bilden eine Grundmatrix des inneren Lichts.

Der Mond ist notwendig, um im Dunkeln Gestautes wieder in den Fluss zu bringen, und das platonische Erdenjahr besorgt die Klärung und Integration auf der seelischen Ebene. Der Erdentag bringt neue Lebenskraft zurück, und das Erdenjahr verfügt über eine ganz besondere Lichtenergie, mit der Sie experimentieren können.

Wenn Sie eine schnell rankende Zimmerpflanze, beispielsweise einen Philodendron, zwischen Fenster und Lautsprecher stellen und regelmäßig indische klassische Musik spielen, die nahezu ausnahmslos auf das Erdenjahr gestimmt ist, so werden Sie etwas Beeindruckendes beobachten können:

Die Pflanze treibt Ranken zum Fenster und zum Lautsprecher. Es kann Ihnen passieren, dass die Lautsprecherbox regelrecht umrankt wird. Diese Sonnenhaftigkeit des Erdenjahres hatte Prof. Joachim-Ernst Berendt seinerzeit bewogen, diesen Urton als den Sonnenton zu bezeichnen, ein Umstand, der für große Begriffsverwirrungen sorgte.

Welcher Kristall ist der ideale Trägerkristall?
Ich habe stets den Citrin ausgetestet. Reinigen Sie den ausgesuchten Kristall möglichst unter fließendem Wasser sowie mental nach dem bewährten Schema. Informieren Sie den Kristall nacheinander mit den Stimmgabeln von

1. *Sonne,*
2. *Erdentag,*
3. *synodischem Mond,*
4. *Erdenjahr,*
5. *platonischem Erdenjahr.*

Auch hier testet diese Reihenfolge als die optimale Anordnung. Schließen Sie diese Arbeiten mit folgender geistigen Affirmation ab, während Sie den Lichtbringer-Powerkristall in beiden Händen halten:

- *Hiermit bitte ich dich, mit Leichtigkeit und Liebe deine Arbeit zu verrichten und kein lebensfeindliches Programm aufzunehmen.*
- *Hiermit bitte ich dich, Licht in Zonen der inneren Dunkelheit zu bringen, Verdrängtes und Eingeschlossenes behutsam zum Licht zu führen, Verbrauchtes auszuleiten und neue Lebenskraft einfließen zu lassen. So sei es. So ist es.*

Empfehlen Sie jedem Anwender dringend das tägliche Trinken von viel Wasser, mindestens zwei Liter zusätzlich.

Aufbau eines Praxis-Schutzkristalls

Als wohltuende Unterstützung bei der eigenen Praxisarbeit kann sich ein Powerkristall zur Klärung der Arbeitsräume erweisen. Was für einen Kristall und welche Frequenzen würden Sie nehmen? An dieser Stelle sei eine generelle Warnung ausgesprochen: Fertiggestellte Po-

Bergkristallbrunnen (Sammlung Walter von Holst).

werkristalle gehören auf Dauer nicht in den Praxisraum. Ausnahmen bestätigen jedoch die Regel:

Ein großer Halitkristall (Steinsalz) kann dunkle Energien neutralisieren, und als Powerkristall können wir einen Amethyst oder Bergkristall mit den Frequenzen der Sonne sowie des platonischen Erdenjahres, unserer Meisterfrequenz, aufstellen. Dessen Funktionen liegen im Klären und Reinigen der feinstofflichen Energien im Raum.

Suchen Sie sich einen durchaus stattlichen Kristall aus, denn je nach Schwere der Verstimmungen, die ein Klient mitbringt, hat solch ein Kristall intensive Klärungsarbeit zu leisten. Reinigen Sie diesen Kristall möglichst gründlich nach dem bewährten Schema. Informieren Sie den Kristall mit den Stimmgabeln der Sonne und des platonischen Erdenjahres.

Schließen Sie diese Arbeiten mit folgender geistigen Affirmation ab, während Sie den Praxis-Powerkristall in beiden Händen halten:

- *Hiermit bitte ich dich, mit Leichtigkeit und Liebe deine Arbeit zu verrichten und kein lebensfeindliches Programm aufzunehmen.*
- *Hiermit bitte ich dich, diese Räume wohlwollend zu klären, dunkle Energien aufzulösen, eine Atmosphäre der Heiterkeit und Gelöstheit zu verbreiten und eine gute Grundlage für meine Arbeit mit meinen Klienten zu schaffen. So sei es. So ist es.*

Hervorragende Arbeit leistet diesbezüglich auch ein hochwertiger Kristallbrunnen, den Sie entsprechend informiert haben. Wechseln Sie das Wasser möglichst täglich!

Erstellung eines Powerkristalls zum Schutz vor Elektrosmog

Elektrosmog, besser Elektrostress entsteht wesentlich durch die modernen Errungenschaften des Lebens, angefangen von Leuchtstoffröhren über Bildschirme und Mikrowellenherde bis hin zu Mobilfunkgerätschaften, drahtlosen Netzwerken und Überland- oder Oberleitungen.

All diese genannten Gegenstände gehören nicht in das Umfeld einer Naturheilpraxis. Telefone lassen sich verkabeln, als Computerbildschirm sind bestens ausgetestete Flachbildschirmmonitore die einzige Wahl, Leuchtstoffröhren gehören an solchen Orten abgeschafft. Auch die schicke Schreibtischlampe mit Halogenlicht und beachtlichem Transformator im Lampenfuß gehört nicht in das Behandlungsumfeld.

Wir können unmöglich verhindern, dass die modernen Kommunikationsmedien sich weiter ausbreiten und für eine zukünftige Intensivierung des Elektrostresses sorgen, aber wir können schützend vorbeugen.

Tragen Sie einen Bergkristall-Umhänger, möglichst genau in Höhe der Thymusdrüse positioniert, der mit den Frequenzen von

1. *Sonne,*
2. *Schumann-Resonanz und*
3. *platonischem Erdenjahr*

informiert worden ist. Alternativ stellen Sie einen ebenso informierten Rosenquarz-Powerkristall zwischen die Strahlungsquelle und sich.

Diese Kombination bietet nach meinen Austestungen einen angemessenen Selbstschutz für das System. Stellen Sie sich dabei vor, dass Sie sich mit dem Umhängen dieses Kristalls in eine schützende strahlende Lichtsäule einhüllen, die nach außen strahlt und das Eindringen der schädlichen Frequenzen abwehrt. Entsprechend informierte Rosenquarze scheinen die von Bildschirmen ausgehenden Belastungen ebenso deutlich zu reduzieren, wie eine kinesiologische Überprüfung aufzeigt.

Seien Sie dagegen sehr vorsichtig bei angeblich sicheren Chipkarten zur Entstörung von Handys und so fort. Hier werden viele schnelle Geschäfte gemacht, obwohl so gut wie keine Langzeitstudien vorhanden sind. Manche punktuellen Entstörhilfen mögen nach wenigen Tagen einfach »ausfallen«. Informieren Sie sich genauestens.

Seien Sie auch mit entsprechenden Powerkristallen vorsichtig. Diese sollten Sie alle zwei bis drei Tage in einer Schale mit kleinen Hämatitkristallen bedecken und dadurch – aufgrund intensiver Entladung – reinigen.

Reinigen Sie den ausgesuchten Kristall möglichst unter fließendem Wasser sowie mental nach unserem bewährten Schema. Entladen Sie ihn zusätzlich in besagter Schale mit kleinen Hämatitkristallen.

Informieren Sie den Kristall mit den Stimmgabeln von Sonne und Schumann-Resonanz sowie abschließend dem platonischen Erdenjahr. Verfügen Sie über keine Schumann-Stimmgabel, nehmen Sie nur die Sonnenfrequenz und das platonische Erdenjahr.

Schließen Sie diese Arbeiten mit folgender geistigen Affirmation ab, während Sie den Powerkristall in beiden Händen halten:

- *Hiermit bitte ich dich, mit Leichtigkeit und Liebe deine Arbeit zu verrichten und kein lebensfeindliches Programm aufzunehmen.*
- *Hiermit bitte ich dich, mich vor belastenden Frequenzen aus der Welt um mich herum zu schützen, in ein strahlendes schützendes Licht einzuhüllen und alle negative Information abzuwehren. So sei es. So ist es.*

Elaine – ein Prozess über mehrere Ebenen

Zur abschließenden Illustration möchte ich Ihnen hier einen Praxisfall schildern. Klientin Elaine rief aus Süddeutschland an und erkundigte sich nach einem ganz bestimmten Kristall, einem prachtvollen Citrin, der auf unserer Website angeboten wurde. Durch intuitive Weise war sie bei ihrer Suche nach Hilfe auf diese Darstellungen gestoßen. Wir kamen ins Gespräch, ich erläuterte ihr meine Methode des Arbeitens, und via Telefon testete ich aus, dass ihr dieser Citrin mit der Information der Sonne gut täte. Meines Erachtens sollte der Citrin dazu dienen, erst einmal Licht in ihre im Dunkeln liegenden Angelegenheiten zu bringen. Er wurde mittels ONDAMED® mit der Frequenz der Sonne im Deltabereich mit 3,94 Hertz informiert.

Ich vermutete, dass die Klientin den prachtvollen Kristall regelrecht mit ins Bett nehmen würde. Warum? Nun, weil die Delta-Frequenz optimal während des Schlafs mit der Klientin in Resonanz gehen würde. So geschah es dann tatsächlich auch, wie sie mir zwei Wochen später berichtete. Sie gab an, dass ihr in manchen Belangen regelrecht ein Licht aufgegangen wäre (!) und bat um einen Behandlungstermin. Hilfe suchte sie nach eigenen Worten wegen einem Gefühl der Kraftlosigkeit und inneren Kälte, das sie seit Jahren zunehmend beschleicht.

Sie schilderte von sich aus ihre Ehe als Ort der Sicherheit und Geborgenheit, beschrieb sich als alles andere als unglücklich, finanziell gesichert, ein schönes Haus, aber irgendetwas stimmte nicht mit ihr. Bei regelmäßigen Untersuchungen durch einen Heilpraktiker am Ort stellte dieser mittels der Kirlian-Hochfrequenzfotografie starke energetische Störungen der Drüsenfunktionen im Kopfbereich bis hin zur Thymusdrüse fest. Die Blutwerte, insbesondere gewisse Tumormarkerwerte, stiegen beunruhigend schnell an. Ansonsten blieben alle ärztlichen Untersuchungen ohne jeden brauchbaren Befund. Auch fanden sich keine nennenswerten geopathischen Belastungen.

Als sie zum vereinbarten Termin in der Praxis ankam, fiel mir als Erstes ihre nahezu schneeweiße Haut auf, die mitten im Sommer bei herrlichstem Sommerwetter einfach kalt anzufühlen war. Das Austesten ergab wiederum, dass sie derzeit keine externe ärztliche Behandlung benötigt.

Die auch bei ihr vorhandene Testblockade wurde durch Beschallen von Kopf und Nacken mittels des WahWah-Klangstabs, einem Glas Wasser sowie dem Ausschalten ihres Mobiltelefons aufgehoben.

Weiterhin bemerkte ich bei diesem grundlegenden Abfragen etwas ganz Seltsames. Bei der Arbeit mit dem kinesiologischen Muskeltest bemerkte ich plötzlich, dass zuerst ein Ja und sofort dahinter ein Nein kam beziehungsweise umgekehrt. Ich wiederhole meine Frage, ob ich hier und jetzt mit der Klientin gemäß der höheren Ordnung arbeiten darf, und erhalte ein eindeutiges »Ja«.

Fasziniert berichte ich der Klientin von dieser Beobachtung. Sie stutzt, und wir kommen nicht weiter, und ich bitte sie intuitiv, besagten Citrin mit der Sonneninformation in die linke Hand zu nehmen. Ich testete diese Aktion als positiv aus.

In diesem Moment schien ein Licht durch diesen dunklen Nebel zu dringen, aufzuleuchten, und nun berichtete sie aufgeregt, dass sie manchmal das Gefühl habe, ihr vor ihrer Geburt verstorbener Bruder sei ganz nahe bei ihr, und das seit vielen Jahren, eigentlich seit der Kindheit. Zuweilen würde er ihr ganz konträre Hinweise geben. Ich testete dieses als zutreffend aus.

In der Folge berichtete sie mir schlagwortartig den Zusammenhang. Besagter Bruder verstarb als der Erstgeborene und als das erwartete Wunschkind nur wenige Tage nach seiner Geburt. Das zweite Kind war Elaine, ausgerechnet ein Mädchen. Das dritte Kind war dann endlich der lang ersehnte Stammhalter und Junge.

Die Kindertage verliefen für Elaine sehr schwierig, bis irgendwann ihr verstorbener Bruder als Ratgeber in ihrer Vorstellungswelt auftauchte und ihr Verhaltensratschläge gab, mit denen sie vor allem ihre Beziehung zum Vater aufbessern und erträglicher gestalten konnte. Elaine wunderte sich nicht sonderlich über die Stimme ihres Bruders in ihrem Innern. »Stimmen« dieser Art war sie gewohnt, und sie waren lebendige Bestandteile ihrer Fantasie.

Was in Kindertagen erfolgreich gewesen ist, ist inzwischen überholt, und Elaine, die so gut wie nie in ihrer eigenen Kraft gewesen ist, verlor an Lebenskraft und -freude.

Wir verifizierten durch Austestung des Ebenenschemas, dass ihr Problem hier und jetzt eindeutig auf der Familienebene angelegt und dort zu lösen war. Wir testeten aus, dass die Erlösung der Bruderbesetzung nur dadurch möglich war, dass sie die verstimmte Beziehung zu ihrem Vater harmonisiert und ihr Umfeld heilt.

Dafür testeten wir zwei Kristalle aus, einen Amethyst zum Auflösen der Vaterproblematik. Er wurde gemäß Austestung mit einer Jupiterfrequenz und einer Merkurfrequenz informiert, beide Werte stellten sich als Unterfunktion dar:

Hiermit bitte ich dich, mit Leichtigkeit und Liebe deine Arbeit zu verrichten, das Familienfeld, besonders in der Beziehung zum Vater, mit Licht und Liebe zu heilen und die Seele des Bruders in Liebe zum Loslassen zu bewegen und in die eigene Kraft zu kommen.

Des Weiteren erhielt sie einen Bergkristall für das Haus, das ihr Elternhaus ist. Dieser wurde gemäß Testung mit Frequenzen des Erdenjahres und des synodischen Mondes informiert, ebenfalls stellten beide Werte eine Unterfunktion dar. Elaine, angetan von der Arbeit, nahm die informierten Kristalle spielerisch in ihre Hände.

Abschließend ließ ich Elaine in die Entspannung gehen und sich fühlen. Nach wenigen Minuten begannen plötzlich ihre Augen mehr und mehr zu leuchten, und die ganze Haut im Gesicht und auf ihren Armen und Händen bekam einen warmen rosa Schimmer und wurde erheblich wärmer.

Mit einem ungewohnten Glücksgefühl im Bauch verabschiedete sie sich und machte sich auf den Heimweg. Wenige Wochen später erfahre ich, dass eine erneute Kirlian-Diagnose nur noch ganz minimale Auffälligkeiten bezüglich blockierter Drüsenzentren zeigte.

Drei Monate später traf ich Elaine im Zuge eines Vortrags in Stuttgart wieder. Sie erschien mir an jenem Abend wie verwandelt, wie ein wachgeküsstes Dornröschen aus der Märchenwelt der Brüder Grimm: warm, lebendig und doch in sich ruhend, freudestrahlend ihr Wesen.

Durch Scannen der Feldebenen und Auflösen der Testblockaden mittels informierter Quarzkristalle haben wir in kurzer Zeit einen tiefen Einblick in das Störgefüge der Klientin erhalten. Bereits die Umstimmung während der Behandlungssitzung veränderte ihr Erscheinungsbild.

Obwohl ich stets davon abrate, zu viel zu klassifizieren, scheinen die Urtonfrequenzen der Sonne in ihr Problemfeld Licht gebracht zu haben und im Sinne einer Vorbehandlung notwendig gewesen zu sein.

Der Amethyst mit der Jupiterfrequenz und der Merkurfrequenz dient dem Ausheilen des Vaterthemas. Diese Beobachtungen, dass Jupiter mit dem Vater assoziierbar ist, teilen inzwischen mehrere Therapeuten. Merkur beflügelt die Kommunikation bezüglich dieses Themas. Dies konnte Elaine bestens bestätigen, denn in der Folgezeit der Behandlung kam es zu immer intensiveren Auseinandersetzungen mit ihrem Vater, die aber stets auf für beide Seiten akzeptablem Niveau geblieben sind. Mond und Erdenjahr für den Hauskristall bringen gestaute Feldenergien in Fluss und verstärken ein Feld warmer entspannter Sinnlichkeit.

Anmerkungen zu den Ausführungen und Fallbeispielen

Wenn Sie diese beiden Fallbeispiele und Ausführungen gelesen haben, mögen Ihnen Fragen gekommen sein. Auf einige, häufig in Seminaren gestellte Fragen möchte ich im Folgenden Antworten geben.

• *Was verstehen Sie unter der Formulierung »Hiermit bitte ich dich«?*

Dadurch formuliere ich mein Eingeständnis, dass ich mit meinem rationalen Instrumentarium nicht in der Lage bin, die Fülle des Informationsmaterials beim Austesten vollständig zu erfassen. Ich vertraue aber darauf, dass ich von Feldern der Ordnung geführt werde, wenn ich mich ihnen anvertraue. Ich schließe mich mit dieser Formulierung innerlich an diese Ebenen an und erbitte die Führung meiner Wahrnehmung, Eingebung und Handlung.

• *Wie lange behält ein informierter Kristall seine aufgespielten Informationen?*

Theoretisch unbegrenzt lange, sofern diese nicht durch massive Störfelder überlagert werden oder der Kristall durch Aufnahme von Schadenergien im Kontext der energetischen Reinigung des Klienten regelrecht verschlackt. So sollte der Kristall niemals nahe bei einem Mobiltelefon oder neben einem starken Magnetfeld oder einem elektrischen Transformator (oft im Fuß von Halogenschreibtischlampen) stehen.

• *Wie erklären Sie sich die schnelle Wirkung dieser Methodik in manchen Fällen?*

Die schnelle Wirkung basiert einerseits auf einer guten Teamarbeit zwischen Klient und Therapeut und dem korrekten Herausarbeiten der gestörten Ebenen, deren Priorität und den zur Wiedereinstimmung auf das Feld der Gesundheit benötigten Frequenzen. Nach meinen vorherigen persönlichen Erfahrungen mit den Urtonfrequenzen ohne Quarzkristalle stelle ich des Weiteren bei der Verwendung der Powerkristalle eine verblüffende Intensivierung der Wirkungen dieser Frequenzen fest. Wie an anderer Stelle in diesem Buch beschrieben, sind Quarzkristalle wohl optimale und dynamisch arbeitende Transmitter zwischen den Feldern und dem biologischen System mit seinen verbundenen Ebenen.

Gemäß dem russischen Genetiker Garjajev dringen die Urtonfrequenzen bis tief in die DNS ein und stoßen dort auch stoffwechselbezogene Änderungen an, die sofort ihre Wirkungen zeitigen. Insofern werden die flankierenden Maßnahmen zur Entgiftung besonders akut.

• *Kristalle dieser verwendeten Art sind nicht gerade preiswert. Was ist, wenn sie ihre Arbeit bewältigt haben? Kann ich sie dann weiterverwenden?*

Ich nehme einen Kristall in diesem Fall in die Hände und frage ihn, ob der Zeitpunkt gekommen ist und er bereit ist, gemäß dem göttlichen Plan die Arbeit mit diesen Frequenzen einzustellen. Bekomme ich ein »Ja«, so erteile ich dem Kristall geistig den Auftrag, die Frequenzen in sich zu löschen, reinige den Kristall etwa einen Tag lang in klarem frischem Wasser, dem ich einen Brocken Halit zugesetzt habe. Kleinere Kristalle entlade ich in einer Schale mit kleinen Hämatitkristallen. Manchmal wollen die Kristalle für längere Zeit »frei« haben, und ich stelle sie dann für einige Zeit in den Garten, unter einen Baum, grabe sie zuweilen einige Wochen in die feuchte Erde ein. Dann teste ich, ob der Kristall wieder bereit ist – ich habe noch nie ein negatives Ergebnis erhalten.

• *Kann man auch Krebs mit dieser Methode heilen?*

Krebserkrankungen stellen eine der größten Herausforderungen unserer Tage dar. Sie berühren sicher auch bezüglich unserer eigenen abendländischen Erkenntnisfähigkeit zu Beginn des dritten Jahrtausends immer noch unsere Wahrnehmungsgrenzen.

In vielen Fällen mag die Krebserkrankung direkt auf eindeutige Vergiftungen, Radioaktivität, Rauchen usw. zurückzuführen sein. Als gesichert darf heutzutage auch ein Bezug zwischen seelischen Problem-

situationen und Krebsgeschehen gelten. Hier wiederum ist zu sagen, dass ein Krebstumor, wenn er denn entdeckt wird, die Spitze eines Eisbergs darstellt, eines Prozesses, der seit vielen Jahren bereits aktiv ist.
Eine Heilung in diesem Stadium verlangt einen gewaltigen Einsatz. Eine konsequente und individuell dosierte Chemotherapie mag ihren Sinn haben. Flankierend und auf anderen Ebenen arbeitend kann mittels der Urtonfrequenzen und der Powerkristalle effektiv mitgearbeitet werden, wesentlich, um Belastungen auf den systemischen Ebenen der eigenen Person, der Familie aufzulösen, die zumeist in das Krebsgeschehen verwoben sind. Niemals würde ich aber behaupten, dass sich allein mittels der Urtonfrequenzen Krebs heilen ließe.

• *Sie verwenden zum einen das ONDAMED®-Gerät und können damit die Urtonfrequenzen auf eine exakte Oktave abstimmen. Ich habe hingegen nur einige Stimmgabeln, kann ich damit überhaupt effektiv arbeiten?*
Auch ich arbeite auf Seminaren oftmals ausschließlich mit den medizinischen Stimmgabeln, und ich bin überzeugt davon, dass wir mit den diesbezüglichen Frequenzgrößen im Bereich von 120 bis 280 Hertz bestens arbeiten können.
Der Organismus und seine biologischen Empfangssysteme beherrschen das verbindende Gesetz der Oktave und können die Information entsprechend übersetzen. Mittels eines genaueren Austestens machen wir es dem biologischen Resonanzsystem schlicht leichter, und dies ist in der Naturheilpraxis ein Einsatzbereich des ONDAMED®-Systems. Die Kristalle werden präziser und schärfer in der Wirkung, dadurch können auch dementsprechende Effekte ausgelöst werden, die zwingend eine ärztliche oder heilpraktische fundierte Betreuung voraussetzen.

• *Welche Stimmgabeln sollte man sich im Sinne einer Hausapotheke mindestens zulegen?*
Am besten legen Sie sich die sieben basalen Stimmgabeln als Grundinstrumentarium zu, die Erde, Sonne und Mond, Merkur und Venus zugeordnet sind. Und in einem letzten Schritt können Sie diesen Satz um die äußeren Planeten und letztlich um die diversen Mondzyklen und das Geomagnetfeld ergänzen.

• *Wie kann man die Stimmgabeln ohne Kristalle anwenden?*
Wenn Sie Frequenzen für sich ausgetestet haben, testen Sie einfach aus, wo auf dem Körper und in welchem Abstand davon die Stimmgabeln wie lange aufgesetzt werden sollen. Generell ist ein hervorragen-

der Ansatzpunkt die Region der Thymusdrüse in der Brustmitte. Aber die Stimmgabeln können auch in die Aura gehalten werden. Information ist und bleibt halt Information.

- *Kann man zu den Powerkristallen auch meditieren?*

Selbstverständlich, gerade in diesen Bereichen erfahren Sie ganz erstaunliche Eindrücke und Erlebnisse, die schon den pragmatischen Frank Dorland seinerzeit in den Laboren von Hewlett-Packard bei der Untersuchung des Maya-Kristallschädels hochgradig fasziniert haben. Bei der Übung zur Aktivierung der kristallinen Struktur sind wir bereits ein Stück weit in dieses Feld eingedrungen. Auf den folgenden Seiten möchte ich Ihnen Anregungen zur Vertiefung solcher Erfahrungen geben.

- *Kann man die systemischen Felder spüren?*

Ja. Ihre Existenz lässt sich durch behutsames Annähern von jedem Menschen erspüren. Haben Sie je an einem Familienstellen nach Hellinger teilgenommen? Dann wissen Sie, wovon ich spreche. Die Verbindung mit diesen systemischen Feldern erfährt man als ein Eintreten in eine andere individuelle Realität, die mehr oder weniger intensiv zur eigenen Realität wird. Hier erfährt man mehr denn je etwas Grundlegendes über die wahre Natur des Seins, des aktiven Beobachtens.

Meditationsübungen mit den Powerkristallen und anderen Quarzkristallen

> *»Das Paradies pflegt sich erst dann als Paradies zu erkennen zu geben, wenn wir daraus vertrieben wurden.«*
> Hermann Hesse

Die meditationsunterstützenden Potenziale der Quarzkristalle sind herausragend. Nicht umsonst stehen in vielen Meditationszentren große Amethyst- und Bergkristallbrunnen oder Einzelkristallspitzen von teilweise makelloser Eleganz. Sie unterstützen die Fokussierung auf die Kontemplation.

Bereits ohne besondere geistige oder technische Programmierung bergen die Kristalle mit ihren Urinformationen einen Schatz an Erkenntnissen in sich, dem sich unser Bewusstsein anfangs nur langsam nähern kann. Dann erfahren wir Bilder, empfangen möglicherweise sogar Botschaften. Mitunter erfahren wir etwas über die Aufgabe, in die die Kristalle bereits eingebunden sind.

Meditations-Powerkristall (Sammlung Christian Appelt).

Zu Beginn des Buchs habe ich Sie darauf hingewiesen, dass Sie beim Kauf austesten sollen, ob der Kristall auch bereit ist, mit Ihnen und dieser Methodik zu arbeiten. Wenn er es nicht ist, steht die Vermutung nahe, dass die Kristalle bereits in andere energetische Prozesse eingebunden sind. Insbesondere mit solchen Quarzen kann man die erstaunlichsten Erfahrungen machen, man kann – durch die Blume gesprochen – ganze Weltreiche in ihnen entdecken.

Ich kann dazu eine ganz eigentümliche Geschichte erzählen: Ich bekam eine wunderbare klare Bergkristallspitze geschenkt, fast so klar wie aus Glas mit einem kleinen Nebelschweif mittendrin. An einem klirrend kalten Winterabend nahm ich ihn hinaus in den Garten und schaute durch ihn hindurch in den Sternenhimmel. Das Sternbild des Orions und der Sirius standen hoch im Süden am Nachthimmel. Und genau in dem Moment, wo ich den Himmel durch den Kristall anvisierte, fielen mir zwei Zeilen eines früher viel geliebten Musikstücks ein:

> Travel twice the speed of light.
> Orion stars are high tonight.[42]

Ich stellte die Kristallspitze vor mich auf die gefrorene Wiese. Nach einer Weile nahm ich den Kristall in die Hand und schaute noch einmal hindurch in den Sternenhimmel, war fasziniert, dass selbst die schwach leuchtenden Umrisse des Orionnebels durch den klaren Kristall erkennbar waren, ließ den Sirius durch den Kristall funkeln, und genau in diesem Moment nahm ich bewusst nie zuvor gesehene innere Bilder wahr: Tiefes Wasser von herrlich grünblauer Farbe, voller wunderbarer Luftperlen, ein Boden unter mir aus prachtvollsten Bergkristallspitzen, so weit das Auge nur reicht, dazwischen Delfine und Wasserschildkröten, alles eingetaucht in ein gleißendes helles Licht.

Woher kommen diese Bilder? Die Wissenschaft kann es nicht genau sagen. Fungieren Kristalle als Kommunikationsinterfaces zwi-

42 Text aus Hawkwinds Song »You'd better believe it« von 1974, beispielsweise auf der CD »Hall of the Mountain Grill« zu hören.

schen dem aufmerksamen Beobachter und anderen Wissensfeldern? Und wenn ja, wodurch ist eine solche Verbindung »geschaltet« worden? Sind es Wahrnehmungen aus dem eigenen Wissenspool, die durch die Begegnung mit den Kristallen aktiviert werden, oder sind es Bilder und Erinnerungen aus dem Kristall selbst, abgespeicherte Informationen außerhalb unserer alltäglichen Wahrnehmung?

Es ist gerade wieder die moderne Quantenphysik, die solche vordergründig versponnenen Mutmaßungen realistisch erscheinen lässt. Die Konzepte einer Wechselwirkung zwischen Bewusstsein und den Wissensfeldern durch das Urgesetz der Resonanz lassen solche Möglichkeiten der Informationsübertragung realistisch erscheinen. Sind möglicherweise Quarzkristalle die idealen Verbindungsglieder zwischen unserem Bewusstsein und den mit uns in Resonanz gehenden Wissensfeldern?

Seien Sie so frei, und lassen Sie all diese möglichen Antworten zu, denn sie liegen gemäß moderner Forschung samt und sonders im Bereich des Möglichen (vgl. hierzu Warnke 1997).

Wie kann die gedankliche Kommunikation mit einem Kristall ablaufen?
Frank Dorland, Autor des bereits erwähnten Buchs »Holy Ice«, hat durch seine Experimente einiges Licht in diese Thematik bringen können, und er kommt nach langem Studium zu folgendem versöhnlichem Schluss: Zum einen ist es offensichtlich, dass der Quarzkristall Informationen speichern kann, die von anderen Betrachtern wieder ausgelesen werden können. Diese Wahrnehmungen und inneren Bilder haben ihre ganz eigene Qualität, die sich von der Wahrnehmungsqualität anderer Zusammenhänge deutlich unterscheidet. Diese Unterschiede wahrzunehmen ist allerdings reine Erfahrungssache.

Meines Erachtens begegnen die geistigen Signale des sich in den Kristall versenkenden Betrachters dem Kristall, und dieser sendet wiederum Signale zurück, die vom Kortex und der Hypophyse empfangen werden. Die eingehenden Informationen werden nun gemäß der individuellen Wahrnehmungsraster zu sinnhaften Mustern zusammengesetzt. Genau diese Umsetzung macht dann auch die Unschärfen im Vergleich unterschiedlicher Wahrnehmungsprozesse unterschiedlicher Personen aus.

Beispiel: Ich projiziere die Information »roter Kreis« in einen Kristall, und die Probanden erhalten beispielsweise folgende Information:

1. *eine rote Ampel,*
2. *eine untergehende Sonne,*
3. *eine rote Blüte.*

Allen gemeinsam ist die empfangene Botschaft »roter Kreis«. Allerdings haben hinterher unterschiedliche Menschen dieses Bild mit unterschiedlicher (Be-)Deutung und unterschiedlichem Sinn gefüllt.

Es scheint ebenso möglich zu sein, mittels Quarzkristallen geistige Verbindungen zu erstellen, beispielsweise zwischen Personen, die über miteinander vernetzte Kristallkugeln über Tausende von Kilometern Entfernung kommunizieren können. Die aus Tolkiens Epos »Der Herr der Ringe« bekannten Kristallkugel-Palantiere, über die Saruman mit Sauron und Denethor kommunizierte, haben ihr Vorbild in den seit Tausenden von Jahren zu ebensolchen Funktionen gebrauchten Kristallkugeln der Weisen.

Nach Erfahrung vieler Kristalltherapeuten, mit denen ich gesprochen habe, finden sich Bergkristallspitzen, die mit konkreten irdischen und kosmischen Wissensdatenbänken verknüpft sind, die wir, einmal erschlossen, verwenden können.

Wenn wir uns darin üben, dieses Ausdeuten empfangener Bilder zu unterlassen, dann sind wir schon einen gewaltigen Schritt näher am Originaleindruck. Dazu müssen wir unsere rationalen Bewusstseinsfunktionen ein wenig herunterfahren. Und wie gelingt uns das am besten? In Zuständen der meditativen Versenkung.

Einstimmung auf einen Kristall

Sorgen Sie für eine Stunde Ruhe, stellen Sie Telefone aus, entfernen Sie sämtliche Handys und andere elektrische Störquellen aus Ihrem Umfeld. Schaffen Sie sich eine schöne Atmosphäre. Kerzen, ätherische Duftöle und leise Musik können hervorragende Hilfsmittel sein.

Es ist hilfreich, einen Raum für die Meditation abzugrenzen. Vielleicht breiten Sie ein großes Seidentuch auf dem Boden aus, Ihr heiliges Zentrum.

In der Übung benutzen wir zum einen die verbindende Kraft des Atems, dieses Ursymbol der polaren Welt. Des Weiteren arbeiten wir mit der Visualisierung der Farben Violett und Rot als Einstimmung auf die hilfreichen Eckwerte des Feldes der Gesundheit: Violett für das platonische Erdenjahr und Rot für den dynamisierenden Erdentag.

Setzen Sie sich auf ein Meditationskissen und stellen Sie eine schöne Amethyst-, Bergkristall- oder Rauchquarzspitze vor sich hin (Abstand etwa 80 Zentimeter), so dass Sie den Kristall entspannt fokussieren können.

Lassen Sie den Alltag mit jedem Ausatmen mehr und mehr los, atmen Sie Stille und Klarheit ein. Lassen Sie in Ihrer Vorstellung ein violettes Licht durch Ihr Scheitelchakra einströmen, das sanft und strudelnd in spiralförmigen Windungen durch Ihren gesamten Organismus fließt, durch den Kopf, die Nebenhöhlen, Hals, in den Brustraum und die Arme und Hände, in den Bauch, in das Becken, in die Beine und Füße und hinaus in die Tiefen der Erde. Das violette Licht reinigt und klärt Sie und hinterlässt Klarheit und Stille.

Spüren Sie, wie aus der Erde ein warmes tiefrotes, kraftvolles Licht aufsteigt, das durch die Füße und Beine spiralförmig in Sie aufsteigt, das Becken und den Bauchraum, die Brust, die Schulter, Arme und Hände, den Hals und den Kopf durchströmt, Lebenskraft in jede Zelle einströmen lässt und wohlwollend verschwenderisch weiter in den Kosmos aufsteigt.

Spüren Sie beiden Strömen, dem aufsteigenden und dem absteigenden, nach. Spüren Sie, wie sich beide in Ihrem Herzzentrum begegnen, wie ein Kraftzentrum entsteht, das sich zu einer strahlenden Energiekugel formt und immer mehr in Ihre Umgebung auszustrahlen beginnt. Es begegnet dem prachtvollen Kristall vor Ihnen und nimmt Kontakt auf.

Spüren Sie weiterhin Ihren Atem kommen und gehen. Verbinden Sie sich nun über das goldene Licht mit dem Kristall, versenken Sie Ihre Aufmerksamkeit tief in den Kristall hinein. Seien Sie achtsam, was für Informationen hin und her zu fließen beginnen und welche Bilder in Ihnen aufsteigen. Lassen Sie die Bilder frei fließen, lassen Sie diese mit dem Einatmen kommen und mit dem Ausatmen gehen.

Wenn es genug ist, ziehen Sie sich mit Ihrer Aufmerksamkeit wieder aus dem Kristall zurück, nicht ohne sich für die Begegnung zu bedanken. Finden Sie in Ihrem eigenen Tempo wieder in das Alltagsbewusstsein zurück.

Mit etwas Übung bekommen Sie das richtige Feeling für die Art von Aufmerksamkeit, die benötigt wird, um mit einem Quarzkristall zu kommunizieren. Der oben geschilderte Ablauf ist ein Vorschlag von mir, der sich in Seminaren bestens bewährt hat. Vielleicht bevorzugen Sie einen anderen Zugangsweg:

Eine oft benutzte Methodik ist, einen Kristall in die Hand zu nehmen, so dass diese Energien sich über das Handinnenflächen-Chakra begegnen. Legen Sie einen Kristall auf Ihre linke Handfläche, halten Sie Ihre rechte Hand unter die linke Hand, und verfahren Sie wie oben beschrieben. Wiederum andere Menschen haben festgestellt, dass sie den inneren »Draht« zu ihren Kristallen am besten bekommen, wenn sie sich hinlegen und den Kristall etwa zwanzig Zentimeter hinter ihren Kopf stellen. Finden Sie Ihren Weg zur meditativen Begegnung mit Ihren Quarzkristallen. Experimentieren Sie damit.

Übungsvorschlag für eine Meditation mit den Powerkristallen unseres Universums

Eine bezaubernde Möglichkeit ist, im Kreis der Powerkristalle zu meditieren. Bewährt hat es sich, die dreizehn relevanten Frequenzkristalle mit der jeweiligen Information von *Sonne, Merkur, Venus, synodischem Mond, Erdentag, Erdenjahr, platonischem Erdenjahr, Mars, Jupiter, Saturn, Uranus, Neptun, Pluto* um sich herum zu versammeln und damit die Harmonien des gesamten Universums einzuladen. Eine solche Übung hat etwas sehr Feierliches; sie harmonisiert und kräftigt den gesamten Organismus und stärkt die Anbindung an die höheren Ebenen, was wiederum unser Urvertrauen verstärkt. Sie können diese Powerkristalle mit den Stimmgabeln und dreizehn Quarzkristallen nach dem üblichen Schema selbst erstellen oder standardisierte Powerkristalle verwenden.

Bereiten Sie dieses Ritual in aller Ruhe vor. Es hat sich bewährt, für jeden Himmelskörper beziehungsweise jede Frequenz aus Fotokarton kreisförmige Untersetzer (für die jeweiligen Kristalle) in entsprechender Farbe auszuschneiden, zu beschriften und mit Symbolen zu versehen. Dies trägt zu erheblicher Bewusstwerdung dieser Energien bei.

Verteilen Sie die Kristalle in einem großen Kreis um sich herum. Setzen Sie sich dann auf Ihr Meditationskissen. Begrüßen Sie die Kristalle einzeln, heißen Sie die Frequenzen der Powerkristalle willkommen in Ihrer Runde – die Sonne, den Merkur, die Venus ... Dieses Willkommenheißen ist eine wichtige und zugleich uralte Strategie. Viele Indianerstämme luden zu ihren Festivitäten die Energien der vier Himmelsrichtungen ein, mit ihnen zu sein.

Visualisieren Sie gemäß der vorherigen Übung das absteigende violette und das aufsteigende rote Licht. Lassen Sie aus Ihrem Herzzentrum das goldene Licht kreisförmig in das Umfeld ausstrahlen und mit allen Kristallen Kontakt aufnehmen. Begegnen Sie all diesen Kristallen aufmerksam, lassen Sie in Verbindung mit Ihrem Atem Bilder entstehen, Energien fließen, Gedanken kommen und gehen ...

Laden Sie sich optimal mit all den Energien im kosmischen Kreis auf, so lange es für Sie stimmig ist. Erleben Sie sich als ein wahrhaft kosmisches Wesen, verwurzelt im Himmel wie auf der Erde, verbunden mit Kraft gebenden und vielgestaltigen Energien der Planeten in unserem Universum. Kehren Sie in Ihrem eigenen Tempo mit Ihrer Aufmerksamkeit wieder in die Alltagswelt zurück.

Info-Coaching mit den Powerkristallen

Vor etwa zehn Jahren erkannte ich während einer Meditation, dass die Urtonfrequenzen des Feldes der Gesundheit mit den »höheren« systemischen Feldern perfekt interagieren. Daraus ließ sich der Schluss ableiten, dass es möglich sein müsste, mittels der Gesundheitsfeld-Frequenzen auch in das Feldgeschehen von Arbeitsgruppen und Teams harmonisierend einzugreifen.

Radionik-Therapeuten sind mit dieser Thematik längst vertraut. Zwischen amerikanischen Forschungseinrichtungen und einer deutschen Radionik-Firma wird sogar an globalen Bewusstseinsprojekten gearbeitet.[43] Ohne deren ethische und inhaltliche Qualität hier beurteilen zu können und zu wollen, lassen die Versuchsergebnisse aufhorchen: Es ist möglich, die Gruppen-, Arten- und universalen Felder zu kontaktieren und harmonisierend zu beeinflussen.[44]

Nichts anderes gehörte und gehört immer noch zum Standardrepertoire aller indigener Gesellschaften. Nahezu jeder indianische Medizinmann beherrscht beispielsweise die Kunst, durch Rituale das Jagdglück zu erhöhen, von dem letztlich das Überleben des Stammes abhängen konnte, oder Regen zu »zaubern«, von dem die lebenswichtige Ernte abhing.

All diesen typischerweise geheim gehaltenen Lehren gemeinsam ist das Bewusstsein für die ungeheuer große Macht einerseits und die Verantwortung andererseits, deren sich der ausführende Schamane ge-

43 Eine Anlaufstelle im Internet: www.m-tec.ag.

44 Ausführliches Material finden Sie im Internet unter www.noosphere.princeton.edu.

wahr zu sein hatte, wenn er in das Feld eines Biotops oder gar in das Feld von Mutter Erde eingriff. In der Regel sind solche Handlungen nur in größter Not erlaubt gewesen. Fehlhandlungen würden katastrophale Folgen für die Stammesgruppe nach sich ziehen.

In meinen Experimenten mit derartigen Dimensionen des Feldes der Gesundheit war ich stets behutsam. Zum wiederholten Mal reflektierte ich kritisch die Arbeiten des Biologen Rupert Sheldrake. Immerhin hatte Sheldrake nachweisen können, dass die kollektiven Artenfelder lernfähig sind. Neu erworbenes Wissen einer biologischen Art – sei es von Mäusen entdeckte Wege durch ein neues Labyrinth oder die Auflösung von fragmentarischen Bildern zu den darin enthaltenen Motiven – wurde blitzschnell auf rein informationsenergetische Art und Weise weitergegeben. Dies zeigte sich deutlich daran, dass alle Angehörigen einer biologischen Art das Wissen dieser Felder bei Bedarf abfragen und erheblich schneller zu den richtigen Ergebnissen kamen. Kulturelle Felder erweisen sich also als lernfähig und abrufbar.

Stanislav Grof, der Begründer der transpersonalen Psychologie, erzählte mir im Juni 1999 auf einer Tagung in Bonn, dass von einer großen Zahl von Menschen erworbene Erfahrungen irgendwann – in der Regel vergehen etwa zehn Jahre – plötzlich bei der therapeutischen Atemarbeit mit Klienten aufzutauchen beginnen, die persönlich in ihrem jetzigen Leben niemals diese Art von Erfahrungen gemacht haben. Diese Bilder, Eindrücke, Stimmungen werden aber vom eigenen Selbst aus den kollektiven Bewusstseinsfeldern oder jenen einer Gruppe wieder entnommen, um eigene therapeutische Probleme zu bearbeiten und zu lösen.[45] Eines wurde mir zunehmend klar:

Ich kann mich zu jeder Zeit und an jedem Ort »bewusst« mit den Feldern anderer Arten, Substanzen usw. verbinden. Ich kann aus den Erfahrungen der Felder von Berufsgruppen, Familien schöpfen, einem Glas Wasser Information der Liebe aufprägen und so weiter.[46] Aufgrund meiner Forschungen wurde ersichtlich, dass ich solche positiven Erfahrungen isolieren und in der Folge als Informationen in einem Powerkristall speichern kann, so dass diese Informationen bei Bedarf von anderen Individuen abgerufen werden können – eine spannende Sache.

45 Grofs holotrope Arbeit ist ein herausragender Weg, mittels der selbstorganisierenden Strategien der Psyche Zugang zu den heilenden Informationen der höheren systemischen Ebenen zu finden. Vergleiche auch: Grof, Stanislav: Psychologie der Zukunft, Astrodata 2002.

46 Vgl. Masaru Emoto und seine Arbeiten über die Wasserkristallformen.

Es folgten Versuche, Informationen aus den höheren Feldern kinesiologisch sowie radiästhetisch abzufragen. Nach etwa drei Monaten hatte ich ein inneres Einverständnis bekommen, dass ich auch mit therapeutischen Arbeiten an den höheren Feldern beginnen kann.

Aus all diesen Ansätzen entwickelte sich eine Übungssequenz für die Arbeit mit beruflichen Gruppen und Teams. Dieses Vorgehen wurde inzwischen zu einer eigenständigen Methode standardisiert, die unter Einbeziehung von systemischen Elementen und Bausteinen aus Coaching-Konzepten zu einer weiteren Spielart der Urtontherapie geworden ist, dem Info-Coaching.[47]

Info-Coaching arbeitet am Gruppenfeld, beispielsweise eines Teams. Es wertet nach einer therapeutisch induzierten Einstimmung der Gruppe auf ihr eigenes systemisches Feld die Feldverstimmungen beziehungsweise -Ausfälle des Feldes der Gesundheit aus, benutzt die Powerkristall-Technologie, um das Gruppenfeld aufzubauen und dadurch eine stimmige Grundmatrix für ein erfolgreiches Miteinander aufzubauen. Wenn an der informationsenergetischen Wurzel eines Teams größere Verstimmungen ansetzen, krankt ein ganzes Team, eine ganze Firma.

Unterschwellige Unruhe in der Gruppe, versteckter Neid, Maskerade, aufgesetztes Selbstbewusstsein; wer kennt diese Verzerrungen in Gruppenstrukturen nicht? Wir können sie wunderbar in Vereinen, auf Elternabenden, in Volkshochschulkursen und auf Seminaren beobachten. Wenn Sie sich bei einer solchen Gelegenheit einmal mit Ihren Kenntnissen auf das entstehende Gruppenfeld einschwingen und dieses scannen, so werden Sie ein Durcheinander an Verstimmungen austesten, und so kurios es auch erscheint: Die gefundenen Werte ändern sich im Laufe der Veranstaltung kaum noch, selbst wenn man sich etwas aufeinander eingeschwungen hat und noch bei einem Bier zusammensitzt.

Dies ist das Arbeitsgebiet eines Info-Coach. Eine Möglichkeit des Arbeitsablaufs im Rahmen eines Tagesseminars möchte ich Ihnen im Folgenden darstellen. Betrachten Sie die Abläufe und Phasen als Bausteine für eine eigene Konzeption. Denkbare Szenarien können Sie auch im eigenen Familien- und Berufsumfeld umsetzen. Vergessen Sie nicht: Auch eine Familie ist ein (ganz besonderes) Team!

Mein Fallbeispiel basiert auf der Arbeit mit einem Fachteam einer Anwaltssozietät. Die sechs Teilnehmer kannten sich zum einen von ihrem Arbeitsplatz her, einige unterhielten auch lockere freundschaftliche Privatbeziehungen. Bedingt durch verschiedene Vorkommnisse

47 *Weitere Informationen im Internet unter www.info-coaching.de.*

aus der Vergangenheit und fehlgeleitetem Aufstiegsdenken im Hause war ein vom jetzigen Juniorchef gefordertes kreatives Teamworking kaum möglich geworden. Um dieses Problem zu lösen, hatte die Firma einen Trainingstag bei uns gebucht. An einem Montagmorgen betraten die sechs Teilnehmer unser Institut.

Einstimmung

Ich begrüßte die Teilnehmer dieses Info-Coachings per Handschlag und suchte freundlich den Augenkontakt. Die dadurch übermittelte Information des Willkommenseins ist wichtig für den fortschreitenden Prozess. Dann lud ich sie auf eine Tasse Kaffee oder Tee ein. Wir besprachen den Aufbau und die Systematik unseres Workshops in einer lockeren Stimmung. Nachdem wir ein wenig warm miteinander geworden waren, bat ich die Teilnehmer, auf ihre Plätze im Seminarraum zu gehen.

Einstimmung und Sensibilisierung

Die Teilnehmer fanden sich zu einer gemeinsamen Entspannungsübung ein und nahmen in einer als Halbrunde angeordneten Aufstellung Platz. In die Mitte des Halbkreises legte ich ein Mandalabild, das sich diese Übungsgruppe gemeinsam aus einer Auswahl von prachtvollen Farbaufnahmen ausgesucht hatte. Dieses Mandala sollten sich die Teilnehmer eine Weile anschauen, so lange, bis sie ein inneres Bild davon klar vor ihren Augen hatten.

Dazu schlug ich den auf das platonische Erdenjahr gestimmten WahWah-Klangstab an, um eventuell vorhandene Kontaktblockaden aufzulösen und um die folgende Einstimmungsübung einzuleiten. Abschließend testete ich still für mich aus:

- *Ist es in Ordnung, mit dieser Gruppe gemeinsam mit dem Feld der Gesundheit zu arbeiten?*
- *Ist es in Ordnung, hier und jetzt mit dieser Gruppe therapeutisch zu arbeiten?*

Ich erhielt in beiden Fällen ein klares »Ja«. Seien Sie sich bewusst, dass Sie auch ein »Nein« erhalten können. Zum einen ist es denkbar, dass Sie mit der Arbeit trotz bester Motivation überfordert wären, des Weiteren mag der Zeitpunkt einfach nicht stimmen. Ich habe mir inzwischen angewöhnt, solche Fragestellungen im Vorfeld auszutesten. Diese Aufgabe diente primär der Einstimmung und Sensibilisierung. Der Einstimmung auf das Gruppenfeld des Teams diente die direkt anschließende Sequenz:

Einstimmungsübung auf das Gruppenfeld

Konzentrieren Sie sich auf Ihren Atem. Spüren Sie eine Weile in Ruhe dem Kommen und Gehen des Atems nach, dem Ursymbol der lebendigen Welt. Mit jedem Einatmen fließt mehr und tiefere Ruhe und Stille in Sie hinein, mit jedem Ausatmen verlässt Sie die Hektik und der Aufruhr des Alltags. Sie werden immer ruhiger und stiller.

Verbinden Sie sich innerlich mit dem Bild in der Mitte dieses Kreises, tauchen Sie in Ihrer Vorstellung tief in das Motiv ein.

Atmen Sie das Motiv ein, lassen Sie es durch Ihre gesamten Energieebenen, Sie mögen diese als Aura bezeichnen, strömen, lassen Sie das Motiv und die Stimmung durch Ihren gesamten Körper, durch alle Meridiane, Adern bis in die entferntesten Zellen strömen. Spüren Sie die Verbindung zwischen Ihnen und dem Bild, spüren Sie die Stimmungen dahinter und die Verbindung zwischen den Stimmungen und Ihnen.

Halten Sie diesen Kontakt, lassen Sie ihn mit Ihrem Atem kommen und gehen, kommen und gehen, ein ständiger Fluss von Information zwischen dem Feld und Ihnen sowie zwischen Ihnen und dem Feld.

Spüren Sie die Verbindung zwischen Ihnen in der Teilnehmerrunde. Spüren Sie das Gruppenfeld, lassen Sie es mit Ihrem Atem kommen und gehen, kommen und gehen, ein ständiger Fluss von Information zwischen dem Feld der Gruppe und Ihnen sowie zwischen Ihnen und dem Feld der Gruppe.

Kommen Sie dann langsam und in selbstbestimmtem Tempo wieder in Ihren Körper zurück. Spüren Sie den Atem. Spüren Sie den Körper. Recken und strecken Sie sich. Kehren Sie in Ihre Alltagswelt zurück.

Ich beendete die Übung durch drei strahlend klingende Anschläge mit dem WahWah-Klangstab.

Diese Übung sorgt stets für großes Aufsehen in der Gruppe, denn alle Teilnehmer erfahren in der Regel eine intensive Begegnung mit dem Gruppenfeld und erfahren dieses als eine gewaltige innere Energie sowie als eine einigende Kraft. Nun ist die Gruppe in Kontakt mit dem gemeinsamen Feld, und das ausgewählte Bild wird offiziell zum Gruppenbild erhoben. Die Übungssequenz wird zur immer wieder nachvollziehbaren Kontaktaufnahme-Möglichkeit zum Gruppenfeld.

Therapeutisches Arbeiten am Feld
In diesem Kontext, verbunden mit dem Feld der Gesundheit und dem Feld der Gruppe, beginne ich unter dem Leitmotiv »Optimaler lebendiger Energiefluss in dem Gruppenfeld« mit dem Austesten der benötigten Urtonfrequenzen.

Wenn diese Werte ermittelt und aufgezeichnet sind, bitte ich die Gruppe, herauszufinden, ob bei der Auswahl an Quarzkristallen ein für die Gruppe passender Stein dabei ist. In der Regel wird die Gruppe in der Auswahl fündig, und wir schreiten dann zur Informierung des Kristalls. In unserem Fall wurden folgende Frequenzen ermittelt:

Sonne – Minus,
platonisches Erdenjahr – Minus,
synodischer Mond – Minus,
Jupiter – Minus.

Sonne bringt Licht in das Gruppenfeld, diese Frequenz erhellt im Dunkel liegende Potenziale der Gruppe. Der Mond fördert den Fluss der Energien und des Temperaments. Jupiter verstärkt warme und großzügige Energien im Feld, gleicht Gefühle des Mangels aus, und das platonische Erdenjahr sorgt für die Integration des energetischen Geschehens im Gruppenfeld.

Die Gruppe wählte einen imposanten Bergkristall zu ihrem Gruppenkristall. Wichtig erschien mir, dass sie dies mit Freude und Lachen tat und sich zugleich einen zentralen Platz in ihren Büroräumen vorstellte, wo er aufgestellt werden sollte.

Denken Sie arbeitstechnisch an das altbewährte Vorgehen: Zuerst müssen gegebenenfalls vorhandene alte störende Informationen im Kristall gelöscht werden, und danach sollte der Kristall mental vorbereitet werden.

Hiermit lösche ich alle dissonanten Informationen in dir.

Hiermit bitte ich dich, die klärenden und heilenden Informationen der Sonne, des Mondes, des platonischen Jahres und des Jupiters aufzunehmen und zusammen mit deinen heilsamen Urinformationen zur Verfügung zu stellen.

In diesem Kontext nahmen wir den ausgesuchten Kristall gemeinsam in die Hände und fragten ihn, ob er bereit sei, mit dieser Gruppe gemäß der höheren Ordnung mit Leichtigkeit und Freude an der Harmonisierung des Gruppenfeldes zu arbeiten. Wir ließen uns so lange Zeit, bis die ganze Gruppe ein deutliches »Ja« spürte. Anschließend informierten vier Mitglieder der Gruppe mit jeweils einer der notwendigen medizinischen Stimmgabeln den Kristall.

Danach nahmen wir den Kristall wieder gemeinsam in die Hände und baten ihn, gemäß der höheren Ordnung mit Leichtigkeit und Heiterkeit das Zusammenarbeiten der Gruppe zu entfalten, die einprogrammierten Feldwerte optimal auszubalancieren und keinerlei störende Programmierungen mehr aufzunehmen.

Wir stellten den Kristall dann in den Gruppenhalbkreis neben das Gruppenbild, setzten uns wieder hin und gingen in die Entspannung. Dazu schlug ich einen auf das platonische Erdenjahr gestimmten WahWah-Klangstab an, um eventuell noch vorhandene Kontaktblockaden aufzulösen und um die folgende Einstimmungsübung einzuleiten.

Einstimmung auf das neu gestimmte Gruppenfeld

Konzentrieren Sie sich auf Ihren Atem. Spüren Sie eine Weile in Ruhe dem Kommen und Gehen des Atems nach, dem Ursymbol der lebendigen Welt. Mit jedem Einatmen fließt mehr und tiefere Ruhe und Stille in Sie hinein, mit jedem Ausatmen verlässt Sie die Hektik und der Aufruhr der letzten Minuten. Sie werden immer ruhiger und stiller.

Verbinden Sie sich mit dem neu gestimmten und harmonisierten Gruppenfeld, nehmen Sie über das Ein- und Ausatmen Kontakt mit dem Feld auf.

Verbinden Sie sich mit dem Gruppenkristall, nehmen Sie über das Ein- und Ausatmen Kontakt mit dem Feld des Gruppen-Powerkristalls auf. Spüren Sie das Neue an der Qualität in diesem Halbkreis. Nehmen Sie diese Qualität, wie auch immer sie Ihnen erscheinen mag, mit jedem Ein- und Ausatmen in sich auf. Kommunizieren Sie mit jedem Ein- und Ausatmen mit diesem Feld.

Lassen Sie alles eins werden. Kommen Sie dann langsam und in selbstbestimmtem Tempo wieder in Ihren Körper zurück.

Spüren Sie wieder den Atem. Spüren Sie wieder den Körper. Recken und strecken Sie sich. Kehren Sie in Ihre Alltagswelt zurück.

Der Kultplatz für den Powerkristall

Geleitet von der Frage, den optimalen Platz für den Kristall zu finden, erfolgte ein reger Ideenaustausch, und die Gruppe entschied sich einstimmig für einen Platz im Foyer der Sozietät. Danach begaben wir uns zurück in den Halbkreis und schlossen diese Übung mit einem gemeinsamen Austausch ab.

Der Transformationsprozess wurde angestoßen und wird sich Zug um Zug entfalten. Ich händigte jedem Teilnehmer der Runde ein Tagebuch samt Stift aus und ermunterte sie, alle irgendwie mit der Gruppe auftauchenden Gedanken, Bilder, Emotionen, Ideen niederzuschreiben und so den Gruppenprozess aktiv zu protokollieren und dadurch bewusst zu halten.

Resümee

Solche Szenarios erinnern in aller Deutlichkeit an religiöse Kulthandlungen und totemistische Gruppenrituale, wie wir sie aus der Ethnologie bestens kennen und wie sie rund um die Erde verbreitet waren und immer noch sind. Die Dynamiken sind seit Urzeiten die gleichen, und schon vor vielen Tausenden von Jahren haben die australischen Aborigines nach ähnlichen Mustern ihre kultischen Handlungen gestaltet. Das optimale Zusammenspiel der Gruppe war absolut überlebenswichtig. Wir benutzen heute das Wissen um die heilenden Potenziale der Urtonfrequenzen im Verbund mit den besonderen Wirkungsweisen der Quarzkristalle, um die verbindenden Felder in Einklang mit den gesunden Harmonien des Universums zu bringen und somit das Handeln der Gruppe diesbezüglich zu entfalten und zu optimieren.

Das Verfolgen der Gruppenentwicklung über die folgenden Wochen ist immer wieder von größtem Interesse. Hier zwei Rückmeldungen von Gruppenteilnehmern:

Sabine:

Bei unserem ersten Treffen nach dem Gruppenritual haben wir uns darauf verständigt, während der Gruppenarbeiten nicht mehr zu rauchen und den Kaffeekonsum während der Projektarbeit einzuschränken. Es schien uns plötzlich zu stören. Eine Woche später brachte Helmut einen Kasten mit Quellwasser aus einem Bergstollen im Sauerland mit, den er einer Eingebung folgend mit seiner Familie am Wochenende aufgesucht hatte. Dieses Wasser ist inzwischen unser ganz spezielles Teamgetränk.

Ernst-Heiner:
Wir beginnen nun jedes Treffen mit einer langen Gedenkminute an den Gruppenkristall und stimmen uns darauf ein. Bei einem Meeting in Brüssel habe ich mir kürzlich Mut hereingezogen, indem ich mich Sekunden vor dem Präsentations-Event auf unser Feld eingeschwungen habe. Es vermittelte mir plötzlich eine nie gekannte Ruhe und ein nie gekanntes Selbstvertrauen. Diese Erfahrung hat mich noch sicherer werden lassen. Allerdings hätte ich mir gewünscht, dass ich den Kristall greifbar bei mir gehabt hätte.

Aus dieser Nachricht lernte ich postwendend, diesen Mangel aufzugreifen. Dadurch, dass ein Team auch individuell an das Feld angeschlossene Kristalle verwendet, steigt das Verbundenheitsgefühl beachtlich. Dies ist eine Strategie, die fast so alt ist wie die Menschheit. Verbunden mit der Potenz der Powerkristalle bekommt diese Strategie eine neue Dimension.

Dürfen zu den Gruppenfrequenzen auch individuell benötigte Frequenzen in einen solchen »individuellen Gruppenkristall« programmiert werden?
Testen Sie es aus, beide Antworten sind denkbar. Fragen Sie:

- *Ist es in Ordnung, für dieses Teammitglied einen eigenen Anschlusskristall zu programmieren?*
- *Ist es in Ordnung, individuelle Frequenzen zusätzlich in den Kristall zu programmieren?*

Sofern Sie bei der zweiten Frage ein »Ja« erhalten, gehen Sie zur Ermittlung individueller Frequenzen nach unserem Schema zum individuellen Scannen der systemischen Ebenen vor. Ergänzen Sie den Anschlusskristall um die entsprechenden Frequenzen. Schließen Sie die Arbeit mit folgender mentaler Programmierung ab:

- *Hiermit bitte ich dich, mit Liebe, Freude und Leichtigkeit dieses Teammitglied zu harmonisieren und dauerhaft und geschützt mit dem Gruppenfeld zu verbinden und keinerlei negative Programmierung anzunehmen. So sei es. So ist es.*

Das faszinierendste diesbezügliche Bild bot sich mir beim Besuch in einer mittelständischen Werbeagentur, deren Mitarbeiter an einem

Info-Coaching teilgenommen hatten. Auf allen Schreibtischen standen diverse Kristallspitzen, alle angeschlossen an den zentralen Gruppenkristall, und eine Austestung des Gruppenfeldes, drei Monate nach dem Coaching-Seminar, ergab, dass alle Feldwerte optimal verfügbar waren. Es hatte kaum noch Ausfälle durch Erkrankungen gegeben, und die Stimmung im jungen Team war auffallend gelöst.

Info-Coaching, also harmonisierende Arbeit am systemischen Gruppenfeld, kann eine effektive Strategie im Rahmen eines erfolgsorientierten Entwicklungskonzeptes von Firmen, Agenturen, Sozietäten, Arztpraxen und so fort sein.

Die heilende Arbeit mit Powerkristallen an Häusern

Austesten der Feldstörungen im Haus oder in Gebäuden ist heutzutage von besonderer Aktualität, nicht zuletzt deswegen, weil auch ein Haus und sein Feld als Ort energetisch gestört sein kann.

Ein Spruch in meiner Gegend, der tief blicken lässt, lautet: »In dem Haus sitzt noch die Schwiegermutter im Kamin, kein Wunder, dass der Haussegen schief hängt.« Solche Aussprüche weisen auf systemische Feldstörungen hin.

Was stört die Feldsituation in einem Haus?

Ein Beispiel: In einem wunderschönen und lichten Zimmer im ersten Stock eines frei stehenden Hauses mit einer Birke vor dem Fenster fühlt sich der dort schlafende Bewohner beim Aufwachen seit einigen Monaten einfach nur elend. Ein Rutengänger entdeckt dort schwere Erdverwerfungen in etwa fünfzig Metern Tiefe unter dem Haus.

Hauptaspekte von Störungen können sein:

- *Einflüsse von Lebewesen, die mit ihren Feldern in das Terrain eingreifen,*
- *geopathische Belastungen – wie wir an dem Beispiel gesehen haben.*
- *Ergänzen können wir diese Aufzählung noch durch eine Vielzahl von elektromagnetischen Einflüssen, angefangen vom Radiowecker neben dem Bett bis hin zum Mobilfunksender um die Ecke.*

Feldstörungen von Lebewesen lassen sich auf der systemischen Ebene mittels der Powerkristalle meiner Erfahrung nach gut auflösen. Vor geopathischen Belastungen und Elektrostress können wir uns nur so optimal schützen, wie es eben möglich ist. Auf Dauer ist kein Kraut gegen geopathisch gestörte Areale gewachsen. Meiden Sie vorsorglich sämtliche potenziellen Störquellen, entfernen Sie so viele Kabel und elektrischen Geräte aus dem Schlafzimmer, wie Sie können, denn während des Schlafs findet Ihre stoffliche und geistige Regeneration statt. Dieser Prozess sollte so störungsfrei wie möglich verlaufen. Lassen Sie Ihre Wohnung von einem Rutengänger begehen und ausmessen. Verwenden Sie die Powerkristalle zum Schutz vor Elektrosmog und zum Schutz von Wohnräumen in der Art und Weise, wie es für den Schutz der Praxis beschrieben worden ist.

Solche Maßnahmen greifen synergetisch Hand in Hand. Was können wir tun, um mittels der Powerkristall-Technologie eine Verbesserung des Wohnklimas zu erreichen?

Wenn Sie mit solch einem Projekt beginnen, aktivieren Sie vor Betreten des Ortes Ihren energetischen Selbstschutz. Betrachten Sie die Örtlichkeit gemäß unseres Ansatzes wie einen lebendigen Organismus. Verbinden Sie sich geistig mit dem Feld des Hauses. Fragen Sie:

- *Ist es derzeit möglich, diesen Ort auszutesten?*

Und wenn die Antwort »Ja« lautet:

- *Ist es in Ordnung, mit diesem Ort hier und jetzt therapeutisch zu arbeiten?*

Sollten Sie bei der ersten Frage ein »Nein« erhalten, kann eine regelrechte Therapieblockade des Ortes vorliegen. Auch hier empfiehlt es sich, mittels der Meisterfrequenz des platonischen Erdenjahres diese Blockade aufzulösen. Sie können dazu zum einen den WahWah-Klangstab nehmen, diesen mehrfach anschlagen und durch das Haus schreiten und auf diese Weise den Klang verteilen.

Alternativ empfiehlt es sich, einen Amethyst-Powerkristall, der mit dem platonischen Erdenjahr informiert wurde, über Nacht im Haus klärend arbeiten zu lassen.

Danach sollten diese Blockaden temporär beseitigt sein, und sofern Sie auf die zweite Frage ein »Ja« erhalten, dürfen Sie sich ans Werk machen. Fragen Sie:

- *Bin ich jetzt bereit, die benötigten Feldwerte des Feldes der Gesundheit für mich zu ermitteln?*

Welche systemischen Ebenen interessieren uns bei einem Haus? Was sind die Zellen und Organe eines Hauses? Was bedeutet die Gruppenebene für ein Haus?

Eine Gruppe von Häusern, die energetisch zusammenhängen (Altstadt Köln).

Ein Haus besteht aus Steinen als Äquivalente zu den Zellen, die Leitungen und Rohre sind den Nervenbahnen vergleichbar, die Zimmer mit den unterschiedlichen Funktionen sind die Organe, es ist möglicherweise ein altes Haus, das bewusst in einer energetischen Beziehung zu anderen Gebäuden geplant und errichtet worden ist. Verwenden Sie also unser Abfrageschema für den lebendigen Organismus. Testen Sie die Ebenen in der gleichen Weise aus.

- *Ist eine Verstimmung auf der Zellebene der Bausteine manifestiert und behandelbar?*
- *Ist eine Verstimmung auf der Organebene der Räume manifestiert und behandelbar?*
- *Ist eine Verstimmung auf der Individualebene des Hauses manifestiert und behandelbar?*
- *Ist eine Verstimmung auf der Gruppenebene mehrerer Häuser manifestiert und behandelbar?*
- *Liegt die Verstimmung auf einer höheren Ebene vor?*

Folgende Werte ergaben sich bei Austestungen beim eigenen Wohnhaus:

Erdentag – Minus 35 Prozent,   Jupiter – Minus 60 Prozent.

Es fehlt an Lebenskraft aus der Erde, an Kraft an der Wurzel, und dadurch fehlen Qualitäten des Stetigen, das Prächtige und das Joviale, das dem Jupiter zu Eigen ist. Der Grund ließ sich schnell bestimmen, nachdem wir folgende Abfragen ausgetestet hatten:

- *Gehen diese Verstimmungen auf vorherige oder aktuelle Bewohner zurück?*
- *Gehen diese Verstimmungen auf Wohngifte im Haus oder im Boden zurück?*
- *Gehen diese Verstimmungen auf die verwendeten Baustoffe zurück?*
- *Gehen diese Verstimmungen auf Landschaftseigenheiten zurück?*
- *Gehen diese Verstimmungen auf elektromagnetische Störfelder zurück?*
- *Gehen diese Verstimmungen auf andere noch ungenannte Störungen zurück?*

Bei der vierten Frage gab es ein »Ja« zur Antwort. Unser Haus liegt an einem von Ost nach West zu einem Feuchtbiotop abfallenden Hang, und der rege absteigende Energiefluss scheint dem Haus Energieanteile vorzuenthalten. Diese Erklärung testete gut.

Interessanterweise haben wir bei der Einrichtung viele Rot-Farbtöne verwendet, was bedeutet, dass uns diese Verstimmung intuitiv schon früh aufgefallen ist.

Rosenquarz und Bergkristall testeten als die optimalen Kristalle zur Programmierung mit den beiden Frequenzen, wobei vier größere Kristalle im Keller verteilt werden sollten. Die vier frisch gereinigten und aufgeladenen Kristalle wurden mittels der Stimmgabeln des Erdentags und des Jupiters programmiert. Abschließend erhielten die Rosenquarz-Powerkristalle folgende geistige Informierung:

- *Hiermit bitte ich euch, mit Leichtigkeit und Liebe eure Arbeit zu verrichten, das Felddefizit des Hauses auszugleichen und das Feld des Hauses für alle Bewohner zu optimieren und kein lebensfeindliches Programm aufzunehmen. So sei es. So ist es.*

Die Behandlungsdauer wurde abgefragt, und wir erhielten das Ergebnis »mehrere Jahre«, woraus sich der Schluss ziehen ließ, dass die Örtlichkeit permanent in diesem Frequenzspektrum ergänzt werden sollte.

Fazit: Der »Geist des Hauses« lässt sich in Gestalt des Energiefeldes dieses Hauses harmonisieren und für das Wohnen optimieren.

Inwieweit andauernde elektromagnetische Bombardements durch Sendeanlagen, Überlandleitungen und dergleichen dauerhaft ausgeglichen werden können, erscheint mir allerdings fraglich. Forschen Sie selbst weiter.

Austesten und Behandlung der Feldstörungen im Garten

Nahezu nichts macht mir so viel Freude wie die Arbeit mit den Powerkristallen inmitten der prachtvollen Natur. Hier, wo die Konflikte und die Verdrängungsmechanismen unserer menschlichen Persönlichkeiten keine so große Rolle spielen, entfalten die Powerkristalle in kurzer Zeit ihre beträchtlichen Wirkungen.

Noch im Pilotstadium der Entwicklung dieser Methodik analysierte ich eine systemische Feldstörung in meinem Garten, der ich auf die Spur gekommen war, weil ein junger Apfelbaum und ein junger Pflaumenbaum nahezu keine Früchte trugen, und wenn welche am Baum hingen, waren sie wurmstichig. Geopathische Belastungen waren an jener Stelle nicht zu finden.

Ich stellte mich eines Frühsommertages in den Garten und scannte das Feld der Gesundheit im Garten auf der Biotopebene und auf der Individualebene des Apfelbaums und des Pflaumenbaums. Es waren folgende Werte ausgefallen oder verstimmt:

Sonne – Minus, synodischer Mond – Minus,
Mars – Minus.

Ich hatte die drei Werte auf einen Quarzkristall aufprogrammiert und diesen an eine intuitiv erfühlte Stelle im Garten zwischen die beiden Obstbäume gesetzt. Das war Ende Mai gewesen, und der späte August verschlug uns den Atem: An unserem Apfelbaum hingen knapp achthundert Äpfel, teilweise dick und rund – wo in den Vorjahren maximal dreißig Äpfel gereift waren. Der Pflaumenbaum verbesserte sich von sieben Pflaumen im Vorjahr auf über dreihundert Pflaumen, und wir hatten alle Hände voll damit zu tun, die Äste bruchsicher abzustützen.

Nebenbei schoss eine wild wachsende Birke in diesem Jahr dermaßen in die Höhe, dass aus einem Pflänzlein mit einer Höhe von maximal 100 Zentimetern ein stattliches Bäumchen mit 480 Zentimetern Höhe geworden war. In den umliegenden Gärten wurden dagegen ganz durchschnittliche Ernteerfolge eingefahren.

Diese Erfahrungen erinnerten mich an zweierlei: Zum einen an Seminare mit einem der großen Visionäre auf dem Gebiet der Biosynergetik, Diplomingenieur Hardy Burbaum, Erfinder der Bioantenne, einer besonderen Form der Einhandrute, und Entwickler eines neuen diagnostischen und therapeutischen Systems. Hardy Burbaum kreierte einen informierten Quarzstab, den Universal-Harmonizer, und eine davon abgeleitete Variante für die Therapie von Obstbäumen und anderen Pflanzen.

Burbaums Hauptkritikpunkte an den wachsenden Problemen unserer Pflanzenwelt fußen auf den schädlichen Auswirkungen des Elektrosmogs auf Bäume, vor allem Nadelbäume, denn jede Tannennadel ist beispielsweise eine eigene Antenne. Veränderungen im Flüssigkeitshaushalt entstehen dadurch. Wesentlich:

- *Die aufsteigenden Säfte sind zu basisch, zu dickflüssig, und es werden nicht alle Blätter und feinen Äste erreicht.*
- *Die zurücklaufenden Säfte sind zu sauer (durch Aufnahme von +-Ionen), wodurch der Waldboden zusätzlich übersäuert wird.*
- *In den Säften liegt ein akuter Sauerstoffmangel vor.*[48]

Zum anderen erinnerte ich mich an ein Seminar der Radionik-Firma M-Tec, die im Berliner Raum einen ökologisch umgekippten Teich, den Dreipfuhl-Teich, revitalisiert hatte. Was mich hellwach werden ließ, war die Tatsache, dass die M-Tec-Mitarbeiter den Teich als einen lebendigen Organismus untersucht und therapiert hatten. Wesentliches Ergebnis der radionischen Analyse des Lebewesens »Teich« war der Atemstillstand. Wie könnte man einen umgekippten

48 Immer wieder Standardlektüre ist das Büchlein von Günter Albert Ulmer: Krank durch Wellensmog und Elektrosmog, Ulmer Verlag 2001.

Teich besser beschreiben?[49] Die Therapie beinhaltete in der Folge auch das Anwenden informierter Quarze.

Der Schluss, dass Quarzkristalle und das Scannen der Frequenzwerte des Feldes der Gesundheit in Kombination mit der Betrachtung der systemischen Ebene eines Biotops, eines Waldes oder Teichs eine deutliche Gesundheitsverbesserung mit sich bringen könnte, elektrisierte mich regelrecht. Denn: Man versorge kranke Bäume mit entsprechend programmierten Quarzkristallen am Stamm. Man programmiere große Bergkristallspitzen auf die ausgefallenen Feldfrequenzen des Biotops und platziere diese auf miteinander vernetzten Plätzen. Hier liegen meines Erachtens zukunftsträchtige Anwendungspotenziale.

Die harmonisierenden Potenziale und Möglichkeiten erscheinen bedeutend und vor allem im Gegensatz zu vielen anderen Maßnahmen kostengünstig in der Umsetzung. Am Beispiel einer Harmonisierung eines Gartens möchte ich Ihnen das praktische Vorgehen in Einzelschritten schildern, das Sie in dieser Form direkt übernehmen können:

Der idyllisch gelegene Garten, den ich untersuchte, liegt an einem recht steil abfallenden Hang, der in eine unter Naturschutz stehende Feuchtwiese ausläuft. Auffallend waren die vielen kränkelnden Pflanzen. Eine Untersuchung auf geopathische Belastungen zeigte eine ganz klar abgegrenzte Wasserader und die üblichen Gitternetzstrukturen, also nichts, was diesen seltsamen Stillstand im Garten erklären konnte.

Mittels meines Tabellenwerks mit den Eckwerten des Feldes der Gesundheit, einer Einhandrute und eines Notizbuchs samt Stift, mit Stimmgabeln, einigen Bergkristallspitzen sowie dem WahWah-Klangstab ausgestattet, machte ich mich vor Ort an die Arbeit. Zuerst testete ich aus, ob eine generelle Arbeitserlaubnis gemäß der höheren Ordnung gegeben wurde.

Ich fragte:

- *Ist es hier und jetzt möglich, dieses Gartenbiotop auszutesten?*

Die Antwort lautete »Nein«. Das hatte ich noch nie vorher erlebt, aber wir wissen ja, dass wir Testblockaden mittels der Meisterfrequenz des platonischen Jahres auflösen können. Ich fragte weiter:

- *Ist in Ordnung, mittels der Meisterfrequenz des platonischen Jahres eine Testblockade aufzuheben, und ist dieses mit dem WahWah-Klangstab möglich?*

49 *Ausführliche Informationen unter www.m-tec.ag.*

Die Antwort lautete »Ja«, also schritt ich durch den Garten, schlug in regelmäßigen Abständen den WahWah-Klangstab an. Dabei schritt ich in Form mehrerer liegender Achten durch das Gartengelände.

Nach etwa fünfzehn Minuten spürte ich eine Änderung im Klang, er begann strahlender zu klingen. Insbesondere fiel mir ein alter Baumstumpf auf, der im Westen des Geländes gelegen, Überrest einer großen Weide, die vor etwa fünfzehn Jahren gefällt wurde, eine größere Störung in den Garten sendete. Ich fragte erneut:

- *Ist es derzeit möglich, dieses Gartenbiotop auszutesten?*

Die Antwort lautete nun eindeutig »Ja«. Ich fragte weiter:

- *Ist es in Ordnung, mit dem Biotop hier und jetzt therapeutisch zu arbeiten?*

Wieder erhielt ich ein eindeutiges »Ja«. Zuerst führte ich eine energetische Selbstschutzübung aus. Ich begann mit dem Austesten der Frequenzwerte des Feldes der Gesundheit, wobei ich mich auf den Garten als Biotop einstimmte.

Des Weiteren führte ich für diese Heilungsarbeiten eine Werteskala ein, die in Schritten von 10 Prozent die aktuelle Unter- oder Überrepräsentanz der Frequenzwerte ergibt. Testen Sie dazu, nachdem Sie auf Unter- oder Überfunktion getestet haben, wie folgt:

- *Beträgt der Wert der Über-(oder Unter-)funktion 0 bis 10 Prozent?*
- *Beträgt der Wert der Über-(oder Unter-)funktion 11 bis 20 Prozent?*
- *Beträgt der Wert der Über-(oder Unter-)funktion 21 bis 30 Prozent?*

Fahren Sie gegebenenfalls fort, bis Sie bei 100 Prozent angekommen sind. Die Werte notieren Sie am besten nach der Kennzeichnung der Über- oder Unterfunktion.

Es wurden folgende ausgefallenen Werte ermittelt:

Venus – Minus 40 Prozent, synodischer Mond – Minus 60 Prozent, platonisches Erdenjahr – Minus 60 Prozent.

Von der Deutung der Werte her schien der Garten primär ein Entgiftungsproblem zu haben, das die Energien blockiert. Mir fiel wieder der Baumstumpf ein, also wiederholte ich die Messung dort noch einmal für den unmittelbaren Bereich. Ich ermittelte hier:

Venus – Minus 100 Prozent, synodischer Mond – Minus 95 Prozent, platonisches Erdenjahr –Minus 95 Prozent.

Dann wiederholte ich die Messung in einem anderen Bereich des Gartens am Ostende des Geländes. Dort erhielt ich folgende Werte:

Venus – Minus 5 Prozent, synodischer Mond – Minus 5 Prozent, platonisches Erdenjahr – Minus 5 Prozent.

Hier hatte die Verstimmung des Gartens eindeutig etwas mit dem Wurzelrest der gefällten Weide zu tun, deren Störenergien den gesamten Garten beeinflusste. Das Gartengelände umfasste 800 Quadratmeter, ein Ausbaggern des riesigen Wurzelstumpfes war praktisch nicht möglich, weil aus bautechnischen Gründen keinerlei Zufahrt zu diesem Garten mehr möglich war.

Also testete ich aus, ob und wie viele Quarzkristalle ich in diesem Garten zu positionieren hätte:

- *Ist es in Ordnung, dieses Biotop mit informierten Quarzkristallen zu harmonisieren?*
- *Benötige ich mehrere Kristalle dazu?*
- *Kann ich mit Bergkristallspitzen arbeiten?*

Die Testung ergab, dass ich drei Bergkristallspitzen benötigen würde. Ich informierte die Kristalle nach dem bewährten Schema, wobei ich die Frequenzen in der Reihenfolge Mond, Venus, platonisches Erdenjahr mittels der medizinischen Stimmgabeln einprogrammierte.

Ich schloss diesen Arbeitsvorgang jeweils mit der geistigen Programmierung ab:

- *Hiermit bitte ich dich, mit Leichtigkeit und Liebe deine Arbeit in diesem Garten mit seinem Biotopfeld zu verrichten, die gestockten Energien ins Fließen zu bringen, die Feldwerte harmonisch auszubalancieren und kein lebensfeindliches Programm aufzunehmen. So sei es. So ist es.*

Danach verteilte ich die Kristalle gemäß Austestung mit der Einhandrute auf dem Gelände.

Eine Powerkristallspitze wurde direkt auf den Baumstumpf gestellt, eine weitere an das Südende des Gartens und eine große Kristallspitze an den oberen Rand des Gartens, hoch über dem Gelände.

Wenige Monate später berichtete der Gartenbesitzer, dass um den alten Baumstumpf herum intensive Modergerüche wahrnehmbar seien und dass das Gras in dessen Umfeld bereits erheblich wachsen würde und deutlich mehr Nüsse an einem betagten Nussbaum hängen würden – Indizien für eine lebendige Umstimmung.

Die Verstimmung im Garten hing augenscheinlich mit dem riesigen Wurzelrest der Weide zusammen, die wie ein entzündetes restliches Wurzelstück, einem Herdgeschehen im menschlichen Körper vergleichbar, das Gartenbiotop belastete.

Das Aufstellen von drei gemäß den ausgefallenen Frequenzen informierten Bergkristallspitzen hat langsam eine harmonisierende Umstellung eingeleitet, mit deren Fortschreiten ganz organisch die Wurzel verfallen konnte und das Terrain wieder mit frischer Energie durchlebt wurde.

Auf diese Weise können Sie Ihre eigenen Heilarbeiten in der Natur vornehmen. Das Schema des Arbeitens orientiert sich prinzipiell an unserem bewährten Schema. Allerdings wenden wir eine andere systemische Ebene an, die Biotopebene – hier jene eines Gartens, in die eine große Zahl von Pflanzen und Tieren eingebettet sind, deren Miteinander durch Feldverstimmungen mehr oder weniger stark gestört werden mag.

Die Analogien zu den energetischen Prozessen im menschlichen Organismus sind immer wieder erstaunlich. Beispiel aus dieser Arbeitssequenz: Der Ausfall der Mondfrequenz ging auf eine Blockade durch eine alte Wurzel zurück, die ein Vergiftungsproblem schuf, das aus eigener Kraft aktuell nicht gelöst werden konnte.

Tipp: Für diese Landschaftsarbeit lohnen sich als Grundlage auch die Quarzgesteinsbrocken, die in Baumärkten recht preiswert als Dekogesteine erhältlich sind. Testen Sie diese jedoch vor dem Kauf auf ihre Tauglichkeit aus.

Ausblick

Ein klassisches Biotop für die Powerkristall-Arbeit neben den Gärten stellen auch Gewässer dar. Beispielsweise finden wir hier die altehrwürdigen Teiche, wie sie am unteren Rand der Feuchtwiesen oder auf den Kuppen mancher Hügel mit Wasserundurchlässigen Gesteinsschichten zu finden sind.

Vorhandene Teiche stehen heutzutage leider oftmals kurz vor dem Kollaps, dann kippen sie zumeist durch extremes Algenwachstum um. Die Algen gedeihen in dem durch umliegende Felddüngungen reichlich mit Nitraten versorgten Gewässern bestens, entziehen dem Gewässer den Sauerstoff, bis das System eben umkippt. Übrig bleibt eine braune, faulig riechende Brühe.

Getreu unseres Arbeitsansatzes können wir uns auch an der Heilung eines Teichs versuchen. Powerkristalle lassen sich bestens in Teichen versenken. Sie setzen eine aufbauende Instanz den schädigenden Einflüssen entgegen, die möglicherweise genug Vitalität induzieren, um das ökologische System zu stabilisieren.

Sofern extreme Giftmengen in das Gewässer gelangen, werden wir auch mit diesen Strategien auf Dauer erfolglos bleiben müssen, genauso wie ein Powerkristall mit der Mondfrequenz zur Entgiftungsförderung die tödliche Wirkung einer Zyankalivergiftung im menschlichen Körper kaum verhindern kann.

Es lohnt sich also von Anfang an auszutesten, ob eine harmonisierende Arbeit mit dem Feld der Gesundheit sinnvoll ist oder ob sie an der Gewalt der direkten Einflussfaktoren scheitern muss, beziehungsweise ob vorher flankierende oder vorbereitende Maßnahmen getroffen werden müssen.

Auch Bäche sind ideale Arbeitsgebiete. Powerkristalle können bereits im Umfeld einer Quelle positioniert werden. Sie können in das Bachbett eingebettet werden und eine Wasserbelebung durchführen, die kilometerweit reichende Folgen hat. Diesbezüglich kann die Therapie des Ökosystems Bach ein Schlüssel zur Heilung einer ganzen Region sein, wie das folgende Praxisbeispiel aufzeigt.

Heilungsarbeit am systemischen Feld des Biotops: Heilung über die Lebensader eines Bachs

Ein Bach- oder Flusslauf ist ein ganz besonderes Biosystem. Es erstreckt sich von der Quelle bis hin zur Mündung in ein größeres Gewässer, verbunden und zum Leben erweckt durch Myriaden von Wassertropfen, die ein durchgehendes energetisches Band bilden.

Der Bach bildet mit seinen Bewohnern – vom Einzeller über den Wasserläufer bis hin zu den Pflanzen und Fischen – ein eigenes Biotop, so wie der Garten ein eigenes Biotop ist. Mehr denn je fragt man sich hier, wo dieses Biotop beginnt und wo es endet.

1996 hat das hessische Naturschutzzentrum den Bach zum Biotop des Jahres deklariert und die Wichtigkeit dieses Lebensraums in aller

Deutlichkeit unterstrichen. Vielerorts wurde reagiert. Die ökologischen Schäden durch kanalisierte Bäche für das Umfeld, die nicht selten im Einzugsbereich vieler Innenstädte kurzerhand als willkommene Verdünnungshilfe ins Abwassersystem geleitet werden, sind selbst für eher engstirnige Stadtverwaltungen erkennbar gewesen, und vielerorts haben umfangreiche Renaturierungsmaßnahmen begonnen. Wesentlich wird auf die Selbstreinigungskraft des Wassers im Zusammenhang mit neu eingebauten Stromschnellen und mäandrierenden Bögen gebaut.

Wasser erweist sich auch als hochgradig sensibel gegenüber elektromagnetischer Störstrahlung, ausgelöst vor allem durch Starkstrom-Überlandleitungen. In solchen Kontexten beobachten wir immer wieder eine Schwächung bis zum Totalausfall der Frequenzwerte der Schumann-Resonanz und des Erdentags. Wenn wir genau hinschauen, transportiert das Wasser solche Störinformationen kilometerlang weiter, so dass hier absoluter Handlungsbedarf angesagt ist. Für die Behandlung von Bachläufen verwenden wir durchweg Rohquarze, wie wir sie in Baumärkten erhalten. Diese sind preiswert und hervorragend für solcherart Arbeiten geeignet. Fließendes Wasser nimmt die Information aus den Quarzen sehr effizient auf, ein Umstand, den sich bereits viele Wasseraufbereitungstechnologien zunutze machen: Sie befestigen informierte Quarzstäbe einfach an der Wasserleitung des Hauses.

Im Folgenden schildere ich die Heilarbeit an einem Bach im Sauerland, der einige für unsere Zeit typische Verstimmungen aufweist. Sie können diese geschilderten Maßnahmen als Bausteine in Ihre eigenen Arbeiten integrieren.

Oberhalb eines Bauernhauses, im Bereich ausgedehnter Kuhweiden, entspringt ein Bachlauf aus einer unauffälligen Quelle. Der Bach fließt geräuschvoll in vielen Windungen durch die Wiesen talwärts und nimmt von allen Seiten neues Wasser auf. Im Taleinschnitt ist es bereits ein geschäftig plätscherndes Gewässer, das in den folgenden Streckenkilometern durch Wald und Feuchtwiesen mäandriert. Dabei bilden sich ausgedehnte Nebenläufe, die teilweise kleine teichartige Gewässer speisen und nach wenigen Hundert Metern wieder zum Hauptgewässer zurückkehren. Der Uferbewuchs ist üppig, teilweise von alten Weidenbäumen umgeben.

Etwa fünf Kilometer nach seinem Ursprung unterquert der Bach eine das Gebiet in zwei Mastenreihen überziehende Starkstromleitung. Der aufmerksame Beobachter erkennt hier, dass sich nach dem Unterqueren der Starkstromleitung deutlich weniger Kleinlebewesen im Gewässer befinden. Es finden sich auffallend weniger Wasserläufer auf den Gewässerteilen, und der Grund des Bachs wirkt trüber, die Grundsteine sind mit einer braunen Schlickschicht überzogen.

Da diese Änderung praktisch direkt nach der Überlandleitung erfolgt, haben ich im Frühling 2004 das Areal einmal genauer untersucht. Anstatt Eiskristallbilder und chemische Analysen vorzunehmen, habe ich vor und hinter der Überlandleitung die Feldfrequenzen des Biotop-Gesundheitsfeldes ausgetestet. Diese Testung erfolgte kurz hinter der Quelle, etwa einen Kilometer vor sowie hinter der Überlandleitung und zwei weitere Kilometer bachabwärts.

Zuerst testete ich nach der Aktivierung des energetischen Selbstschutzes aus, ob eine Arbeit an diesem Biotop überhaupt erlaubt ist.

Ist es hier und jetzt möglich, dieses Bachbiotop auszutesten?

Ich erhielt ein klares »Ja«. Sollten Sie eine Testblockade aufheben müssen, so hat es sich bewährt, einige auf das platonische Erdenjahr gestimmte Powerkristalle, in diesem Fall auch entsprechend informierte Rohquarze, in den Oberlauf des Gewässers zu legen. Ein bis zwei Tage später können Sie dann die Testung durchführen.

Ich fragte weiter:

Ist es in Ordnung, mit dem Biotop hier und jetzt therapeutisch zu arbeiten?

Ebenfalls erhielt ich ein eindeutiges »Ja« und führte die Messungen durch. Dabei erhielt ich folgende Werte:

Messung 1 (im Oberlauf des Bachs):	Erdentag – Minus 65 Prozent Neptun – Minus 80 Prozent
Messung 2 (etwa einen Kilometer vor der Starkstromleitung):	Erdentag – Minus 65 Prozent Neptun – Minus 80 Prozent
Messung 3 (etwa einen Kilometer hinter der Starkstromleitung):	Schumann-Resonanz – Minus 75 Prozent Erdentag – Minus 80 Prozent platonisches Erdenjahr – Minus 35 Prozent Neptun – Minus 80 Prozent
Messung 4 (weitere zwei Kilometer bachabwärts):	Schumann-Resonanz – Minus 55 Prozent Erdentag – Minus 80 Prozent platonisches Erdenjahr – Minus 15 Prozent Neptun – Minus 80 Prozent

Der Bach bringt bereits Störungen in der Information der »Lebenskraft« und in der Wasserfrequenz schlechthin, dem Neptun, mit sich. Meines Erachtens hängen diese Ausfälle mit der Überdüngung der umliegenden Weiden zusammen, Neptun reflektiert dies auch im Sinne einer gestörten Entgiftung. Vor und insbesondere nach der Starkstromleitung verändern sich die Werte. Hinter der Leitung steht der Bach regelrecht unter Schock. Die Werte haben sich alarmierend verändert, der Schumann-Ausfall geht auf magnetische Informationsstörungen durch die Leitung zurück. Der Ausfall des platonischen Erdenjahres, der sich auch weiter bachabwärts findet, zeigt, dass die Selbstreinigungs- und Selbstklärungskräfte gestört worden sind. Auf dem mäandrierenden Abwärtsweg durch einen Auwald erholen sich diese Werte ein wenig.

Ich testete weiter aus:

- *Ist es in Ordnung, dieses Biotop mit informierten Quarzkristallen zu harmonisieren?*
- *Benötige ich mehrere Kristalle dazu?*
- *Ist es in Ordnung, mit Rohquarzen zu arbeiten?*

Alle Fragen wurden klar mit »Ja« beantwortet. Ich wählte drei Rohkristalle und eine Bergkristallspitze aus, informierte diese gemäß unserem bewährten Schema mit den jeweiligen Frequenzen der Messpunkte unter Verwendung der medizinischen Stimmgabeln. Die Reihenfolge der Frequenzinformierung spielte dabei laut Austestung keine Rolle. Meines Erachtens aktivieren wir durch den Ausgleich der fehlenden oder geschwächten Werte die Selbstheilungskraft des Biotops.

Abgeschlossen wurde jeder Informierungsvorgang wie folgt:

- *Hiermit bitte ich dich, mit Leichtigkeit und Liebe deine Arbeit in diesem Gewässer mit seinem Biotopfeld zu verrichten, die gestockten Energien ins Fließen zu bringen, die Feldwerte harmonisch auszubalancieren und kein lebensfeindliches Programm aufzunehmen. So sei es. So ist es.*

Die Powerkristalle wurden abschließend in das Bachbett gelegt. Damit war dieser Schritt abgeschlossen.

Ergänzende Maßnahmen: Weitere Powerkristalle müssten zur Abrundung der Heilarbeit in diesem Terrain in der Waldfläche unterhalb der Starkstromleitung aufgestellt und programmiert werden.

Ausblick
Wir werden im Laufe des Jahres genaue Untersuchungen des Bachs folgen lassen, um zu dokumentieren, inwieweit diese Maßnahmen erfolgreich auf die abhängigen Lebewesen des Bachs einwirken. Es zeigt sich hier, wie tiefgreifend moderne Störungen wirken können; andererseits können wir mit den Powerkristallen harmonisierend gegensteuern.

Die Therapie von Fließgewässern wird meines Erachtens Zukunft haben, denn gerade die größeren und großen internationalen Flüsse werden alsbald ein lebenswichtiges Thema werden. Was wir am Beispiel eines Bachs im Detail studieren können, wird beispielsweise für den Rhein von immer größerer Bedeutung:

Nicht nur transportiert er sein Wasser mit immer höherer Geschwindigkeit von der Schweiz über Deutschland nach den Niederlanden und zur Nordsee. Die Reinigungspotenziale der Auwälder, das Vertiefen und Optimieren der Rinne, das Pflastern der Ufer behindern die Eigenklärungspotenziale.

Ein viel größeres Problem dürften die Informationen von mindestens 100 000 technisch hergestellten Substanzen bedeuten, die aus Haushalten, Krankenhäusern, Landwirtschaft und Industrie stammen und direkt oder indirekt mit ihrer Information das Trinkwasser von über zwanzig Millionen Menschen beeinflussen.

Und während es dem Rhein dank aufwendigen Kläranlagensystemen tendenziell besser geht, gelten für die Flussriesen Wolga, Donau, Yangtsekiang, Nil und Amazonas, um nur ein paar bekannte Wasserstraßen zu nennen, noch viel bedenklichere Umstände.[50]

Austesten und Therapie der Feldstörungen an gestörten Orten: Birkenkopf in Stuttgart

Während man – »therapeutisch« betrachtet – einen Garten bestens unter Biotop zusammenfassen kann, weil es sich in der Regel um Terrains mit einer gewachsenen biologischen Struktur handelt, scheint es mir sinnvoll, davon begrifflich die Orte abzugrenzen. Orte verstehe ich aus »therapeutischer« Perspektive als künstlich gestaltete oder veränderte Terrains mit ganz eigener Energieproblematik.

Inzwischen gibt es zahlreiche Indizien, dass auch Örtlichkeiten extrem gestört sein können und in ihrem Feld derartige Verstimmun-

50 Vergleiche den Bericht in der »Frankfurter Rundschau« vom 23. 6. 2004 von Joachim Wille: »Das Rheinheitsgebot«.

gen tragen, dass für gesundes Leben kein oder nur noch ganz eingeschränktes gesundes Entfalten möglich ist. Schlechte Orte sind seit Urzeiten bekannt. Teilweise konstituieren sich diese Störeinflüsse durch geopathische Faktoren wie Erdverwerfungen, Wasseradern und dergleichen. Manche Orte sind aber auch durch menschlichen Einfluss völlig verstimmt, in der Regel haben dort schlimme Dinge stattgefunden. In Deutschland sind wir reich an solchen Plätzen, denken wir an die Konzentrationslager-Gedenkstätten, an die großen Hexenverbrennungsplätze und die Kriegstrümmerhügel. Interessanterweise können wir feststellen, dass schon der Volksmund von solchen Plätzen oftmals sagt, dass dort »kein Gras mehr wächst«.

Wie können wir begründen, dass ein Ort einen ähnlichen Behandlungszugang aufweist wie ein Organismus? Zunächst müssen wir uns klar machen, dass wir an gewissen Parametern wie Erdverwerfungen und dergleichen mittels unserer Methodik ursächlich nichts ändern können. Ich wage zu bezweifeln, ob es mit unserer oder einer beliebigen anderen Technologie derzeit möglich ist, störende »Erdstrahlung« dauerhaft abzuwehren.[51]

Die Schwingung eines Ortes tritt in dem Moment, wo wir diesem Ort begegnen, in energetische Wechselwirkung mit uns. Über das verbindende Prinzip der Resonanz wirken die Feldstrukturen des Ortes nun auf den Organismus ein und umgekehrt. Die Schwingung des Ortes kann den Organismus verändern, die Schwingung des Organis-

51 Ich teile hier die Ansichten von Dr. med. Ulrike Banis, die konstatiert, dass es keine verlässliche Abschirmtechnologie gibt. Vergleiche: Banis, Ulrike: Erdstrahlen & Co, Heidelberg 2001.

mus kann umgekehrt auch jene des Ortes verändern. Gestörte Ortswerte des Feldes der Gesundheit können einen labilen Organismus deutlich verstimmen, umgekehrt bedeutet Heilung eines Ortes im gleichen Atemzug auch Heilung an sich selbst.

Auf diese Weise erklärt sich die heilsame Wirkung, die Heilungsrituale auf gestörte Örtlichkeiten haben. Ein durch das Ritual erzeugtes Informationsfeld überträgt sich auf den Ort und stößt heilende Prozesse an.

Wie schon gesagt, gibt es, auf unsere Gesundheit bezogen, sowohl gut als auch schlecht empfundene Örtlichkeiten. An guten Orten, im besten Fall sind es sogar Kraftplätze, verweilen wir gerne und werden regelrecht aufgeladen. Von schlechten Orten flüchten wir, sofern wir auf unsere inneren Stimmen hören. Überhören wir diese Warnungen, werden wir möglicherweise an solchen Orten krank.

Die Besonderheit geopathisch gestörter Areale

Es hat wenig Sinn, an einem für unsere Gesundheit ungünstigen Ort dauerhaft zu wohnen. Die Tatsache, dass heutzutage oftmals gedankenlos und ohne vorherige Untersuchungen durch Rutengänger Häuser auf gestörten Orte gebaut werden, beschert den späteren Bewohnern in der Regel mehr oder weniger massive Probleme geopathischer Natur. Im schlimmsten Fall lautet die Devise hier: Ziehen Sie aus, und suchen Sie sich einen besseren Platz zum Wohnen.

Lassen Sie Ihre Örtlichkeit gegebenenfalls von einem fachkundigen Rutengänger genauestens untersuchen. Moderne und geomantisch geschulte Architekten beziehen solche Faktoren zunehmend in ihre Arbeit ein. Beispielsweise wird angeregt, Parkplätze auf die gesundheitlich besonders gestörten Bereiche eines Ortes zu bauen (Jordan 2000).

Hinweis für Ärzte und Heilpraktiker:
Verwenden Sie aus dem Hause Rubimed die Geovita-Ampulle für genauere Untersuchungen auf geopathische Störungen.[52] Es gibt noch eine weitere und viel aktuellere Alternative im Reigen der Ortsqualitäten – den Ort, der durch unsachgemäßes menschliches Handeln oder durch widrige Naturumstände erkrankt ist. Solche Orte können unter Einsatz der Powerkristalle und des Feldes der Gesundheit wieder harmonisiert und unter günstigen Umständen geheilt werden.

52 Das genaue Testverfahren finden Sie in dem Buch »Erdstrahlen & Co.« von Dr. med. Ulrike Banis beschrieben.

Wie gehen wir diesbezüglich vor?
Orte lassen sich informationsenergetisch mit anderen Organismen vergleichen. Wir fragen die Orte auf der systemischen Biotopebene ab. Bevor Sie sich sofort auf solche Großprojekte stürzen, seien noch einige Vorsichtsmaßnahmen genannt.

Gehen Sie niemals leichtfertig oder ungeschützt an eine Ortsheilung heran. Gerade schwer verstimmte Orte können mit extremer Wucht in unser eigenes Energiesystem eingreifen, wenn wir ihnen beim Austesten begegnen. Wir benötigen Schutz. Neben dem energetischen Selbstschutz ist es angezeigt, sich einer Gruppe von Ortsheilungsexperten anzuschließen. Es bedarf hier sorgfältiger Vorbereitungen.

Zum einen muss genauestens ausgetestet werden, ob wir hier und jetzt heilerisch an diesem Ort arbeiten dürfen. Dazu kommt das Auswählen von geeigneten Kristallen, die zuweilen deutlich größer sein müssen als jene für den Hausgebrauch. Hier haben sich vor allem zwei Kristalltypen bewährt: Große Bergkristallspitzen, die auch gerne neblig trüb in ihrem Innern sein dürfen, sowie massive naturbelassene Rauchquarze.

Am Beispiel einer Ortsheilung auf dem Stuttgarter Birkenkopf im Frühjahr des Jahres 2004 sei der Aufbau eines solchen Rituals aufgezeigt. Sie werden wiederum unsere übliche Arbeitssystematik erkennen und daraus eigene Konzepte ableiten können.

Stuttgart – Birkenkopf
Über 500 Meter über dem Meeresspiegel erhebt sich südwestlich über der Innenstadt von Stuttgart der Birkenkopf, einer der die Stadt umgebenden, sehr gut zu sehenden Hügel. Er ist zu einer traurigen Berühmtheit gelangt, weil auf ihm über 15 Millionen Kubikmeter Schutt aus der zu 45 Prozent im Bombenhagel des Zweiten Weltkriegs zerstörten Innenstadt teilweise sehr dramatisch und publikumswirksam aufgeschichtet sind. Dadurch ist der Birkenkopf über 40 Meter in die Höhe gewachsen. Von einer nahen Straße und einem angeschlossenen Parkplatz führt ein spiralförmig im Uhrzeigersinn zu begehender Weg hinauf auf den Gipfel in das Zentrum der Trümmer.

Dieses Zentrum auf dem Gipfelplateau zieren aufgestellte Gebäudetrümmer, ein seit dem Herbst des Jahres 2003 neu montiertes Stahlkreuz, und die Besucher werden bei gutem Wetter mit einem traumhaften Rundum-Ausblick belohnt.

Die Ambivalenz des Ortes lässt sich in seinem Symbolwert erfahren. Für die Überlebenden der Bombennächte ist er Symbol des Reinemachens, Aufräumens und des Neuanfangs, Symbol für den Aufstieg des Phönix aus der Asche, ein Ort der Kraft und Inspiration. Für die anderen ist schon der Aufstieg bedrückend, es scheinen dunkle Schwaden selbst beim schönsten Sonnenschein herumzuziehen und sich kraftlos nach dem hellsichtigen Besucher auszustrecken. Womit haben wir es dabei zu tun?

Die Wissenschaft tut sich hier schwer mit Erklärungen. Meine eigenen langjährigen Erfahrungen und Lernarbeiten legen den Schluss nahe, dass es sich hierbei um unerlöste Seelenanteile oder deren systemische Muster handeln könnte, Restbilder von Menschen, die in den Wirren der Bombennächte unter fürchterlichen Umständen zu Tode kamen und ihre Transformationsprozesse nicht abschließen konnten. Dabei bleiben Teile des Energiekörpers in der materiellen Welt hängen. Marko Pogacnik beschreibt derartige Phänomene folgendermaßen:

»Die Tragik dieses Phänomens liegt darin, dass das Weiterbestehen der Seelenhüllen verstorbener Menschen im feinstofflichen Bereich eine Aufforderung an das persönliche Elementarwesen des betreffenden Verstorbenen darstellt, weiterhin seinen Dienst zur Aufrechterhaltung des Körpers auszuführen. Da es sich dabei aber um eine Existenz außerhalb des göttlichen Plans handelt, wird die Kraft dazu auf eine parasitäre Art aus den vitalenergetischen Systemen des umgebenden Raums geschöpft. Geomantisch drückt sich dies in einer permanenten Schwächung des betreffenden Raums aus« (Pogačnik 2000: 346).

Seit dem Herbst 2003 scheint das auf dem Gipfel errichtete Stahlkreuz mit seiner energetischen Antennenfunktion zusätzlich für eine extreme Aufladung mit elektromagnetischer Energie zu sorgen, welche die bedrückenden Erscheinungen erheblich anfeuert und für immer mehr Menschen spürbar gemacht hat.

Diese aktuellen Veränderungen eines ursächlich durch das Trümmeraufschichten verstimmten Ortes waren der Grund für die sorgfältige Planung eines Ortsheilungstermins, den wir in das Umfeld eines Seminars über die Anwendung der Powerkristalle einbetteten. Ich hielt dieses Seminar in enger Kooperation mit Walter von Holst, einem anerkannten Kristallexperten.

Eine sorgfältige Einstimmung und Vorbereitung ist bei solchen Unternehmungen immer sehr wichtig. Im Zug des Seminars sensibilisierten wir uns bereits im Verlauf des Vormittags für das Ereignis, führten eine Meditation und die Übung zur Erweckung der kristallinen Struktur durch. Danach brachen wir gemeinsam zum Birkenkopf auf, nicht ohne uns am Anfang des Aufstiegswegs in ein schützendes strahlendes Licht zu hüllen, um einerseits offen, andererseits geschützt für den Geist des Ortes zu sein.

Wie zu erwarten war, spürten immer mehr Teilnehmer die Dissonanz des Hügels, sobald sie in den Bereich des aufgeschichteten Trümmerhaufens kamen, der sich 40 Meter über einem erhebt. Das bedrückende Gefühl wurde mit jedem Schritt in Richtung des Ortszentrums akuter.

Auf dem Gipfel im herrlichstem Sonnenschein eines Frühlingstages angekommen, überraschen uns widersprüchliche Szenen: Kinder, die scheinbar unbeschwert und voller Eifer auf den zerschmetterten Gesteinen herumklettern, sonntägliche Spaziergänger und eine ganze Anzahl nachdenklich wirkender Besucher. Kindliche Begeisterung und Lebensfreude sind ein geeigneter Schutz vor den negativen Energien.

Wir spürten, jeder für sich und in seinem eigenen Tempo, in den Ort hinein und versuchten herauszufinden, was fehlt – mittels der eigenen Wahrnehmung oder unter Verwendung von Einhandrute und Frequenztabelle: Einige Teilnehmer »scannten« beispielsweise vor ihrem inneren Auge das Farbspektrum des Gesundheitsfeldes, andere wiederum arbeiteten mit den abstrakten Werten oder mit einem inneren Bild von einem Ortswesen mit sieben Chakren.

Zuerst befragte ich den Ort, ob es in Ordnung sei, hier und jetzt mit der Gruppe und der Örtlichkeit heilerisch zu arbeiten. Ich erhielt ein klares »Ja«. Ich spürte auf dem Gipfel den Platz mit der für mich stärksten Verstimmung auf, fand ihn mittig zwischen dem neuen Stahlkreuz und dem Trümmerhaufen am Eingang zum Gipfelplateau und testete folgende Werte im Feld des Ortes aus, die zu nahezu 100 Prozent ausgefallen waren:

Sonne – Minus 85 Prozent,
synodischer Mond – Minus 95 Prozent,
Erdenjahr – Minus 100 Prozent,
platonisches Erdenjahr – Minus 85 Prozent,
Neptun – Minus 85 Prozent.

Auf der Farbskala sind die Grün-, Grüngelb-, Orange- und Violettwerte ausgefallen. Dies betrifft das zweite, dritte und siebte Chakra des Ortswesens. Die Auswertung der erfühlten oder getesteten Werte ergab eine nahezu exakte Übereinstimmung der gefundenen Feldfrequenzen.

Das Erdenjahr birgt die lichtbringende Qualität des »Seelenfriedens« in sich, eine Erfahrung, die durch die Sonnenfrequenz in aller Deutlichkeit unterstrichen wird. Kein Wunder, dass sensible Menschen diesen Ort als »düster« empfinden. Der Gipfel schluckt regelrecht die Information »Licht«. Zugleich können wir den Trümmerhügel als eine gigantische Mülldeponie betrachten – der Müll besteht aus zerbombten Häusern, verbrannten Träumen und Hoffnungen. Diese Substanzmasse muss verdaut werden, aber gerade die Entgiftungsfrequenzen des Mondes und des Neptuns sind ebenso blockiert wie die ausgleichende klärende und zur Erlösung und Stille führende Potenz des platonischen Jahres. Dieser Ort steht unter Schock, er ist krank und voller Altlasten.

Lösungsansatz
Zur Harmonisierung des Ortes hatten wir einen großen Rauchquarz-Erdenhüterkristall ausgewählt, der mit stattlichen 70 Kilogramm eine uns tief beeindruckende, große Persönlichkeit darstellt. Im Zuge einer Einstimmung befragten wir den Kristall, ob er diese Heilungsaufgabe für den Birkenkopf übernehmen wollte.

Zuerst klärten wir den Ort mittels des WahWah-Klangstabs des platonischen Erdenjahres, ließen den Klang so lange fließen, bis wir ihn alle als einen frei strahlenden Klang empfanden. Danach wurde der große Rauchquarz mit den Frequenzen der Sonne, des Neptuns und des platonischen Jahres in dieser Reihung informiert. Nach dem Einspielen dieser Feldwerte vergaßen wir nicht, den Kristall zu bitten, mit Leichtigkeit, Liebe und Freude an der Heilung des Birkenkopfs mitzuarbeiten. Als Zeitraum für eine grundlegende Umstimmung des Ortes testeten wir einen Zeitraum von drei Monaten aus.

Eine Austestung am folgenden Tag ergab auf dem Birkenkopf bereits Verbesserungen für die ausgefallenen Werte zwischen 30 und 50 Prozent. Einen Monat später lag die energetische Feldumgebung schon über 60 Prozent und somit in einem gesunden Frequenzbereich.

Wir hatten das starke Gefühl, dass der Prozess des Heilens als ein Prozess des Entgiftens und Integrierens vergangener Schrecken angestoßen wurde; Zug um Zug können sich die Schockenergien befreien, auflösen und in den Zyklus des ewigen Wechselspiels von Werden und Vergehen einkehren.

Das Ende unseres Rundgangs

Wir nähern uns dem Ende dieses Buchs. Sie haben grundlegende Fakten rund um die Heilarbeit mit den Powerkristallen kennen gelernt, angefangen bei kosmischen Grundgesetzmäßigkeiten, die an der Wurzel jedes Lebens wirken und sich in der Sprache unserer westlichen Wissenschaft als das Feld der Gesundheit zu erkennen geben. Sie haben eine Methodik erlernt, um heilend und harmonisierend mit der lebendigen Welt zu arbeiten. Je länger Sie auf diese Weise arbeiten, desto tiefer werden Sie in die Geheimnisse der engen Verbundenheit aller Dinge und Lebewesen eintauchen.

Die Erkenntnis, dass wir nicht nur Mensch und Tier, sondern auch Gruppen, Biotope und höhere systemische Ebenen strukturiert heilerisch bearbeiten können, ist sicherlich der einmalige Aspekt dieser Strategie, die uns immer wieder auf die kosmischen Aspekte der gesamten Existenz zurückweist – und damit auf uns selbst.

Füllen Sie die lebendige Welt mit der Umsetzung in die Praxis. Stellen Sie mit Ihrer Vereins- oder Gemeindegruppe einen großen und entsprechend programmierten Bergkristall im angeschlagenen Stadtwald auf.

Harmonisieren Sie das Wasser gestresster Bäche mit in das Bachbett versenkten Bergkristallen.

Heilen Sie verstimmte Räume, unter Schock stehende Örtlichkeiten, beginnen Sie in Ihren eigenen vier Wänden, schreiten Sie vielleicht im Kindergarten fort.

Verwenden Sie das Wissen bei der therapeutischen Arbeit in Ihrer Praxis, oder harmonisieren Sie das Feld Ihrer Familie. Es gibt in dieser Welt unendlich viel zu tun.

Und es gibt vieles tiefer zu erforschen ... Können wir die Wirkungseffizienz der Powerkristalle mittels gezielter Programmierungsvarianten noch weiter steigern? Welches sind die typischen gestörten Eckwerte des Feldes der Gesundheit in Bezug auf die kulturelle Zentralkonfliktsituation? Sind wir überhaupt in der Lage, dies – als in der Kultur lebende Menschen – herauszufinden? Welche Rolle spielt die Reihenfolge der einprogrammierten Frequenzen in Bezug auf die Wirksamkeit des Kristalls? Welche weiteren Eckwerte des Feldes der Gesundheit lassen sich finden? Wie können wir die Frequenzwerte vom Sirius A und anderen großen Fixsternen herausbekommen, und welche Wirkungen haben diese Feldwerte? Wie verhalten sich Quarzkristalle, die mit den typischen in der Health-Kinesiologie verwendeten Stimmgabeln mit Aminosäuren-Frequenzen unserer DNS programmiert worden sind? Und immer wieder gestellt wird diese Frage: Was wirkt denn nun wirklich an dieser Methode?

Gerade im Rückblick auf die von Ihnen möglicherweise eingangs empfundenen Vorbehalte, möchte ich eine ganz moderne informationsphysikalische Erklärung wagen: Im universalen Feld gibt es sämtliche Informationen, die nötig sind, um ein erkranktes System zu heilen. Diese sind abrufbar. Im Hinblick auf die Radionik geschieht Heilung dadurch, dass ich diese Feldinformationen mittels meines diagnostischen Systems identifiziere und einen Kontakt zwischen diesen und dem Patienten herstelle, sie in gegenseitige Resonanz bringe.

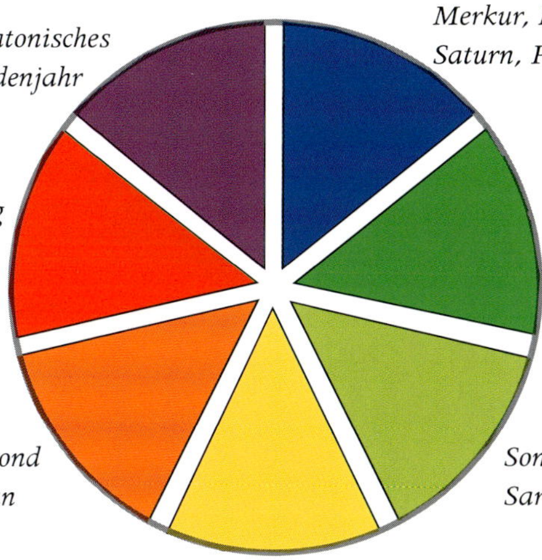

Frequenzaustestungstafel 2

Eckwert des Feldes der Gesundheit	**Farbe**	**Stimmgabelfrequenz**
Sonne		126,22
Schumann-Resonanz		250,08
Sarosperiode des Mondes		241,56
Erdenjahr		136,10
Merkur		141,27
Mars		144,72
Saturn		147,85
Pluto		140,25
Platonisches Erdenjahr		172,06
Erdentag		194,18
Sternentag		194,71
Mondkulmination		187,61
Jupiter		183,58
Synodischer Mondzyklus		210,42
Uranus		207,36
Neptun		211,44
Venus		221,23
Siderischer Mondzyklus		227,43
Metonischer Mondzyklus		229,22
Knotenumlauf des Mondes		234,16
Apsidenumlauf des Mondes		246,04

Austestungshilfe der verstimmten systemischen Ebenen bei Menschen
Halten Sie den Zeigefinger der linken Hand auf die entsprechende Kreisebene, verbinden Sie sich geistig mit dem entsprechenden Feld des Klienten, und stellen Sie klar die Frage:

- *Befindet sich eine Verstimmung zum Feld der Gesundheit auf dieser Ebene?*

Beobachten Sie die Reaktion der Einhandrute. Testen Sie gegebenenfalls die höheren Ebenen aus.

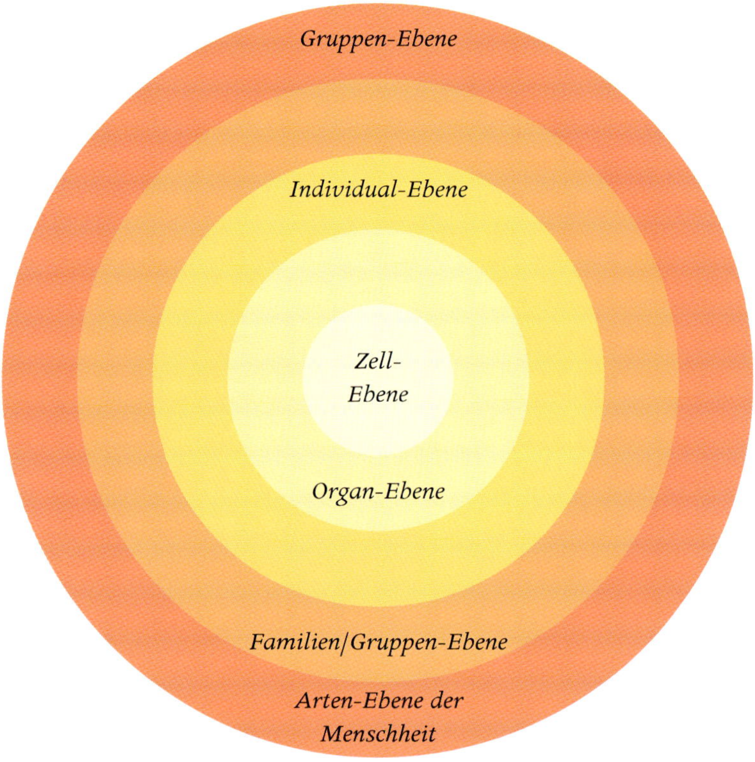

Hilfe zur Austestung der verstimmten systemischen Ebenen in der Natur
Halten Sie den Zeigefinger der linken Hand auf die entsprechende Kreisebene, verbinden Sie sich geistig mit dem entsprechenden Feld des »Klienten« und stellen Sie klar die Frage:

Befindet sich eine Verstimmung zum Feld der Gesundheit auf dieser Ebene?

Beobachten Sie die Reaktion der Einhandrute. Testen Sie gegebenenfalls die höheren Ebenen aus.

Untersuchungsprotokoll zur Auswertung von maximal drei systemischen Ebenen; sollten mehr als drei Ebenen angezeigt werden, so testen Sie die drei Ebenen mit der höchsten Priorität aus.

Name ______________________ Alter ______________

Anschrift ______________________ Datum ______________

Ausgetestete gestörte Ebenen (ankreuzen):

☐ Zelle	☐ Organ	☐ Individual
☐ Familie	☐ Gruppe	☐ Art
☐ Planetar	☐ Universal	☐ Kosmisch

Frequenzen der ersten gestörten Ebene: ______________________

____

Frequenzen der zweiten gestörten Ebene: ______________________

____

Frequenzen der dritten gestörten Ebene: ______________________

____

Verordnung/Kristallprogrammierung: ______________________

____

Danksagung

Ich möchte allen Lehrern und Lehrerinnen auf dem Weg zu diesem Buch danken, angefangen bei Wolfgang Hahl, der mir mit seiner Arbeit mit den Erdenhüterkristallen die Augen für diese Heilmethodik geöffnet hat. Rolf Binder danke ich für die inspirierenden Gespräche rund um die ONDAMED®-Technologie. Walter von Holst gebührt der Dank, nicht nur den Kontakt zum AT Verlag hergestellt zu haben, sondern auch ein wunderbares Zentrum in Stuttgart geschaffen zu haben. Dr. med. Reimar und Ulrike Banis beglückwünsche ich zur Entwicklung der fantastischen Psychosomatischen Energetik, ohne deren Methodik manches an unserer Strategie nicht so effektiv umsetzbar wäre.

Dr. Hendrik Treugut verdanke ich eine Vielzahl tiefer Einsichten. Dr. med. Laure Oschmann danke ich für die zahlreichen humorvollen Diskussionen rund um die optimale Inszenierung unserer Therapieansätze. Außerdem geht mein Dank an Urs Hunziker für die inspirierende Begegnung und seine Freundlichkeit auf der Frankfurter Buchmesse. Nicht vergessen sein sollen auch jene, die im weiteren Umfeld oder in der Vergangenheit ihren konstruktiven Beitrag zu diesem Projekt geleistet haben: Dagmar Ellen, die 1996 in die andere Dimension gewechselt ist und mir unsere zwei Kinder auf den Weg gab, Petra, die meiner Arbeit liebevoll ganz neue Horizonte eröffnete, und last but not least meine Eltern, ohne deren Hilfe all dies niemals möglich gewesen wäre.